Aprendendo a Ser Golfinho em um Mar de Tubarões

Crise, Mudança e Crescimento

13 SALTOS

Modelo de Liderança Pessoal e Profissional para obter sucesso em tempos de Crise, Mudança e Crescimento

Aprendendo a Ser Golfinho
em um Mar de Tubarões

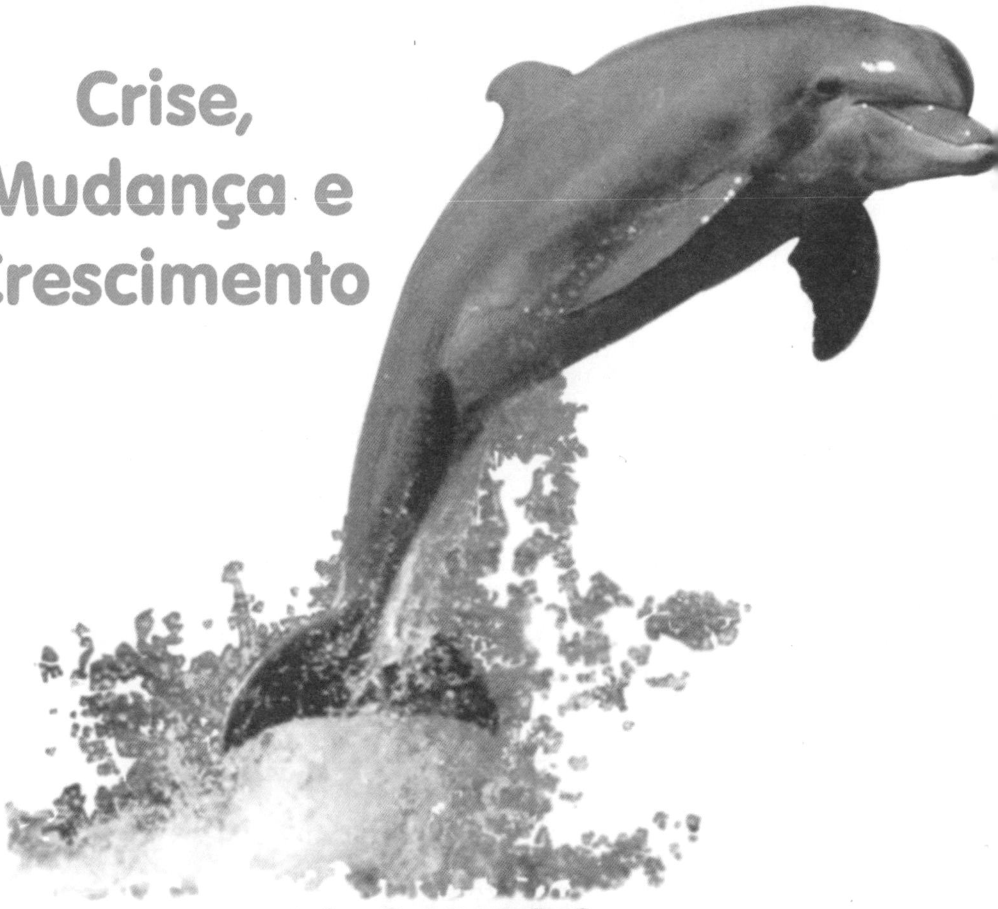

Crise, Mudança e Crescimento

13 SALTOS

Modelo de Liderança Pessoal e Profissional para obter sucesso em tempos de Crise, Mudança e Crescimento

Fernando Sánchez Arias

Copyright© 2012 by Fernando Sánchez Arias

Todos os direitos desta edição reservados à Qualitymark Editora Ltda.
É proibida a duplicação ou reprodução deste volume, ou parte do mesmo, sob qualquer meio, sem autorização expressa da Editora.

Primeira publicação por Ediciones Mejorar, edição traduzida e publicada sob licença da Ediciones Mejorar. O autor tem seu direito de ser identificado nesta obra.

Direção Editorial	Produção Editorial
SAIDUL RAHMAN MAHOMED	EQUIPE QUALITYMARK produção@qualitymark.com.br

Capa	Editoração Eletrônica
SUELLEN BALTHAZAR	ARAÚJO EDITORAÇÃO

CIP-Brasil. Catalogação-na-fonte
Sindicato Nacional dos Editores de Livros, RJ

I65a

    Arias, Fernando Sánchez

    Aprendendo a ser golfinho em um mar de tubarões : crise, mudança e crescimento / Fernando Sánchez Arias ; tradução Rafael Anselmé. – Rio de Janeiro : Qualitymark Editora, 2012.
144p. : 23 cm

    Tradução de: Aprendiendo a ser delfín en un mar de tiburones

    Apêndice

    Inclui bibliografia

    ISBN 978-85-414-0018-3

    1. Liderança. 2. Motivação no trabalho. 3. Administração de pessoal. 4. Sucesso.
I. Título.

12-3639   CDD: 658.4092
                                                                                    CDU: 005.322.316.46

2012
IMPRESSO NO BRASIL

Qualitymark Editora Ltda.
Rua Teixeira Júnior, 441 – São Cristóvão
20921-405 – Rio de Janeiro – RJ
Tel.: (21) 3295-9800 ou 3094-8400

QualityPhone: 0800-0263311
www.qualitymark.com.br
E-mail: quality@qualitymark.com.br
Fax: (21) 3295-9824

"Neste livro, Fernando consegue o que poucos escritores conseguem: ser lido de uma só vez. Sua fábula nos faz conectar imediatamente a vida real."
Neuro Villalobos
Ex-reitor da Universidade do Zulia (LUZ), período 1996-2000

"Em uma forma clara e agradável, Fernando torna simples o que é complexo. Ele nos ajuda a entender o caminho até o interior em busca da melhoria e da mudança. É uma leitura útil para toda pessoa que quer vencer."
Alejandro Reyes
Diretor de Aprendizado e Desenvolvimento Global,
Diretor de Aprendizagem da DELL, Inc.

"Simples, fácil... Faz com que o leitor não fique desconectado até o fim. São mensagens profundas em poucas palavras. O leitor pode ser um grande gerente, aluno(a) do ensino médio, da faculdade, líder comunitário, pai ou mãe de qualquer bairro."
Adalberto Zambrano Barrios
Presidente do Diretório Executivo do
Instituto de Gestão e Estratégia do Zulia (IGEZ)

"O dinamismo, a energia, a profundidade e, ao mesmo tempo, a acessibilidade transmitida geram um desejo de continuar a aprender e promovem um olhar para si mesmo que provoca mudanças impressionantes."
Doribel Ortiz
Gerente de Recrutamento e Desenvolvimento – Digitel

"Descarado, arrojado, inteligente. O escritor tem razão: este livro é para você."
Luis Vicente León
Diretor
Datanálisis

"Excelente GPS para aqueles que desejam empreender a Grande Viagem."
María del Pilar López
Ex-presidenta – Associação de Assistência às Crianças Carentes (ADAIN)

Aprendendo a Ser Golfinho em um Mar de Tubarões

"Agradável, interessante, didático... Essencial para a formação das novas gerações e as não tão novas que ainda têm de aprender."
Nestor Torres Macías
Ex-presidente do FUNDEI Zulia
(Fundação para a Educação e Indústria)

"Fernando é uma fonte de inspiração para todos que pudemos conhecê-lo. Hoje, depois de muitos anos de amizade desde aquele primeiro seminário, continuo aplicando seu conceito de golfinhos como uma forma de vida na área pessoal e profissional".
Eduardo Chocrón
Gerente de Marketing e Planejamento de Vendas da
Ford Motor na Venezuela

"É a oportunidade para projetar a vida a partir de uma parada na ação, na criação e na liberação de toda a energia da qual você é capaz."
José Rafael Fermín M.
Gerente Corporativo de Gestão de Talentos
Empresas Polar

"É um livro primordial... Daqueles que são de fácil leitura, mas que acompanharão você o resto de sua vida."
José Manuel Rodríguez
Presidente do Conselho de Administração de Empleate.com
Membro do Salão de Empreendedores do IESA

"Nós que tivemos oportunidade de participar dos programas e das palestras de Fernando Sánchez Arias, damos as boas-vindas com este trabalho que leva ao grande público sua mensagem apaixonada e entusiasmada para sermos melhores profissionais, líderes e seres humanos.
Durante estes tempos turbulentos, seus bons conselhos nos acompanharão no desafio de aprender a nadar nestas águas".
Juan Ignacio Rodríguez
Presidente
Câmara Petrolífera da Venezuela

Fernando Sánchez Arias

Dedico este livro a:

_____

*"As marés não são as mesmas de ontem.
O oceano do terceiro milênio exige novos golfinhos
que aprendam a nadar de forma criativa e apaixonada
em turbilhões de mudança."*
Takumi

_____

_____/_____/_____

Registre-se como leitor

Se você recebeu este livro como presente, comprou ou pegou emprestado, aproveite e faça parte da comunidade de líderes pessoais e profissionais:

Aprendendo a Ser Golfinho em um Mar de Tubarões "ASD"

http://asd.fernandosanchezarias.com

À minha esposa,
por sua alegria e confiança.

Aos meus filhos,
Por sua luz e sorrisos.

Aos meus pais,
por seu amor e exemplo.

Aos meus irmãos, cunhados e sobrinhos, por sua energia.

A você, que decidiu aprender a ser um golfinho
para que outros à sua volta
aproveitem e sejam estimulados a dar o salto.

A

Hugo Rafael Marichales

amigo, educador, contador de histórias e escritor,
por ser o Merlim desta história,
por ser o guardião da qualidade desta fábula,
por ser o cocriador dos momentos em que ARIEL, em crise,
muda e cresce, para transcender e fazer história.

Agradecimentos

Agradecer é um dos atos mais valiosos e importantes nas relações humanas. Em termos linguísticos, é uma das declarações mais poderosas para honrar o outro e elevar nosso espírito. Neste meu primeiro livro, tomei a liberdade de romper com a brevidade habitual com a qual os grandes escritores tendem a escrever seus capítulos ou seções de agradecimento. Peço desculpas pela ousadia de registrar nesta página, e em outras, alguns que seguem meu sincero e público OBRIGADO, as pessoas que não só ajudaram diretamente com a obra, mas com o aprendizado e o desenvolvimento de seu autor.

De antemão, quero pedir desculpas se, em meu esforço para lembrar aqueles que contribuíram, a minha não mais tão jovem memória me trai. Nós todos sabemos que o coração se lembra do que a cabeça esquece, por isso, se seu nome não estiver aqui, pois deveria estar, foi um lapso de memória e não de meus sentimentos.

Uma das maiores tomadas de consciência nestes 20 anos de experiência como facilitador de processos de aprendizagem e melhoria do desempenho de pessoas e organizações tem sido o conhecimento de que não apenas chega tão longe como em grupo, que tudo o que você recebeu se deve a um gesto ou a um ato de outra pessoa, e que de nada adianta conseguir algo se você não tem com quem compartilhá-lo. Este livro homenageia esta tomada de consciência. Jamais teria sido alcançado se não fosse pelas pessoas que, conscientemente ou não, nos ajudaram a cristalizá-lo, para que hoje esteja em suas mãos.

Meu principal agradecimento vai para Argenis Alexander Angulo e Mary Esther Velázquez, discípulos, amigos e parceiros, por terem tomado a iniciativa de fazer aquele retiro como escritor durante o qual o livro tomou forma e os que seguiram para revisar o manuscrito final. Argenis e Mary Esther se transformaram em meus agentes literários, em meus companheiros de dias e noites de escrita, em meus revisores e meus colaboradores mais desafiadores e motivadores.

A Hugo Rafael Marichales, a quem dedico uma página especial desta obra por ser meus olhos e minhas mãos de escritor, por ter me ajudado a entender o mundo do relato, da fábula e do conto. Hugo, como nosso conselheiro editorial, neste trabalho, pegou minhas ideias e cuidadosamente as estudou, mostrando as incoerências e as lacunas, e sugerindo caminhos para resolvê-las e cobri-las. Não só seu talento literário, mas sua capacidade profunda, aguçada e crítica nos permitiu terminar este livro no nível que ele tem hoje.

A Olympia Petzold, minha esposa, amiga e companheira de aventuras ao redor do mundo, por me desafiar intelectualmente com perguntas, por atuar como revisora dedicada e crítica dos manuscritos e por me permitir o tempo para escrever, tendo seu trabalho como psicóloga, professora universitária e mãe de nossos três golfinhos: Andrés, Paula e Camila.

A Alicia Montero, amiga e mulher de letras e canetas de pena, de forma muito especial pelas madrugadas revisando e editando os vários manuscritos. A Maria del Pilar López, Dunia de Barnola e Adalberto Zambrano, por sua valiosa contribuição para a leitura, correção e revisão do manuscrito preliminar – suas contribuições permitiram mudanças fundamentais no livro. A Isabel Pimentel de Pardi por sua habitual dedicação, paixão e um olhar crítico sobre a publicação editorial.

A Antonio José Moschella, amigo e parceiro, por seu apoio pessoal e de negócios para que esta obra se tornasse realidade. A Lourdes Mendez, por ter se tornado o elemento motivador para a decisão de transformar uma experiência de aprendizagem de 14 anos em um manuscrito de quase sete anos no trabalho diante de você. Sua assessoria e seu compromisso demonstrados para refinar o modelo fizeram deste livro o que ele é.

A Mary Palomino Alfaro, discípula, *coach*, irmã e amiga, um daqueles alunos que igualam e superam seus professores, por sua insistência ano após ano para escrever este livro. Obrigado por seu apoio e seu incentivo pessoal, familiar e profissional.

A Elvin Portillo, pioneiro da televisão privada no Zulia, pela humildade e amizade com que apoiou o lançamento desta obra. A Mauro Di Filippo, amigo, modelo de líder familiar e empresarial, por me apoiar durante tantos anos em minhas ideias e projetos educacionais.

A Ada Sanchez Romero, por ser inspiradora, orientadora, motivadora e mãe-pássaro nos muitos momentos importantes na minha vida que marcaram a criação desta história. A Reina Valbuena, modelo, mentora e professora, por sua contribuição rigorosa como revisora e editora de vários rascunhos e da versão final.

Aos meus pais Atilio Emiro Sánchez Romero e Maruja Arias de Sánchez, modelos exemplares de muitos dos valores e princípios que sustentam este livro. Aos meus irmãos Juan Carlos, Rebecca, Caroline, Yormani, Luis, Fabio, Ivonne e Gustavo, pela arte de ser e formar uma família, e pelo apoio silencioso e constante aos nossos sonhos. Aos meus cunhados, primos e sobrinhos. Aos meus sogros Hermann Petzold e Ercilia Rodriguez, por haver inspirado várias cenas com base em suas vidas. A Maria Petzold Rodriguez por ter apostado em nós.

A Jim Hernández, biólogo especialista em tartarugas e mamíferos marinhos, por sua gentil colaboração ao fazer a revisão científica e acadêmica do manuscrito, garantindo que a história e os personagens respeitassem a realidade dos animais em seu habitat natural, embora seja uma história de ficção.

A José Ernesto Parra e a toda a equipe de ODINAMICA, minha primeira iniciativa empresarial, que me acompanharam no projeto e na concepção da primeira conferência de golfinhos originada por muitas das experiências transcendentais vividas nesta excelente empresa.

À equipe inteira de MELHORAR, por ter abraçado com cabeça, coração, corpo e conexão o projeto deste livro. As leituras, revisões, pesquisas de apoio científico e acadêmico para cuidar dos detalhes da história e do modelo garantiram o rigor da obra. Mariana Bermúdez coordenou toda a logística e a administração do livro. Sharon Linero foi o responsável pelos ícones, pela parte gráfica do modelo e da capa da edição original em espanhol. A Edith Moschella e Jesús Tang, por todo o apoio generoso e eficaz, pois contamos com o espaço e o talento na realização deste trabalho.

A Teresa, Amable, Gerardo, Guadalupe e María Sánchez Romero, pelo seu exemplo e pela motivação constante nesta e em outras iniciativas de vida. A Eunice, Elsa e Jenny Arias, Pedro Mármol, Johnny Rincón, Nelson e Lía Acosta, Marisela Machado e Hernán Hernánez que, em companhia dos meus outros tios e primos, apoiaram de maneira inimaginável cada um de meus saltos. A meus avós Cira Elena (†), Angel Emiro (†), Atilio Emiro (†) e Rebeca Rita (†) para formar a família que me deu a coragem para enfrentar as adversidades e a confiança para aproveitar as oportunidades.

A Enma Aranguibel, professora Teté, padre Emilio Melchor, padre Matías Revilla, Isidoro Zamorin, Manuel Negrón, Manuel Villanueva,

Giacomo Giganti, Ignacio Hoyos Sornichero, Luis Baliache García, padre Armando Pérez Gornés, Dante Crosa Di Franco, Cándida Luna, Froilán Barrios, Carlos Acosta, Gisela Liendo, Jesús Aránguren, Adrián Cottín Belloso, Giancarlo Piletti, Ana Isabel Carrillo, Richard González, Miguel Muñoz, Victor Castellano, Francesco De Benedettis, Ciro Angel Portillo, Bingen De Arbeloa, Neuro Villalobos, William Peña Reinoso, Gilberto Gudiño, Edgar Pedraja, Giuseppe Carrubba, Estela Álvarez de Montiel, Jesús Socorro, Hideko e Ikuo Miyazawa, Ender Rincón, Nerio Rincón, Rodolfo Álvarez, Juan Carlos Hornez, Erasmo Chambonet, Bill Potter, Mario García, Jr., Jorge Suncar Morales, Franklin Mejía, Fernando Carreira Pitti, Tom Clear, Petri Niskanen, Isfahani Sameen, Yong Suk Choi, David Hide Oji, Crispin C. Dy, Salvi Batle, Albert Hiribarrondo, Charles Gandia, Kazuyasu Ueshima, Mayela Castro, Carlos Medina Colina, Hermelinda Kasuga de Yamasaki e Athenaida de Vera, modelos, mentores, guias e líderes exemplares na minha vida de jovem e adulto, que inspiraram, cada um, de forma especial a concepção dos golfinhos professores desta fábula.

A Tomás Pineda, Pedro Montiel, Gianbattista Piletti, Carolina Ferrer, Mauricio Riggi, Mónica Tsoi Long (†), Cristina Akiko Miyazawa, Jesús Subero, Carlos Benaim, Edwards Moyertone e Alfredo Hernández, amigos íntimos e companheiros de viagens e saltos que inspiraram as amizades presentes na história. A José Gregorio Aranguibel, Morela Nieves, Silvia Aguilera, Ma. Eugenia Labrador, Susana Gómez, Leonardo Rincón, Ángel La Riva, Isabel Balza, Carola Chaurero, Alfonso Soto, Verónica Smith, Diomar Flores, Oscar Soto, Paloma López, Ender López, Pablo Nuñez, Jesús Pérez, Wilmer Finol, Kirsten Santana, Roger Bermúdez, Daniel Abraham, Alberto Mondelli, Roberto Carbonell, Leonardo Carrillo, Ma. Eleda Rosales, Marnie Soto, José Orta Marrón, Roberto Tami, Luis Cortez, Luis Campos, Jorge Rodríguez Pernas, Carlos Montiel, Miguel Rendueles, René Aguirre, Daniel Ríos, Juan Carlos Molleda, María Eugenia Hands, Wilfredo e Regina Gozzo, Rafael Diaz Ganaim, Pedro Zaraza, Luis Brea, Nicolas Caffaro, Mitzy Rendón, Brigitte Silva, Marisol Martin, Jorge Luis Ferrer, Luzmila Ojeda, Amancio Ojeda, Ernesto Meléndez, Oscar Martinez, John Marti, Heray Nucette, Magie Paz, Morella Rhode, Dante Crosa, Radhames Thomas, Alex Viloria, Lenin Galban, Jesús Aránguren, Fernando Delgado, Ma. Eugenia Cepeda, Mariedith González, Ingrid e Ivette Noguera, Jenny Gil, Wilfredo Morillo, Jeane Fuenmayor, Jesús López, Isidro e Estrellita Sánchez, Sharon Marcano, Geraldina Guédez, Ma. Patricia Díaz, Liz Narumi Kimura, Karen Yoshida, Jefersom Machado, Luiz Spazzini, Pedro e Luciane Pedroso,

John MacLeod, Mariella Batista, Desmond Alufohai, Gunther Meyer, Asko Männistö, Michael Kern, Lars Hajslund, Bruce Rector, Alfredo e Valeria De Castro, Doralicio Siqueira, Jose Manuel Lama, Margarita Morel, Yonny Mamo, Rafael Guzmán, Francisco Musset, Norma Da Silva, María Gabriela Merlos, Betty González, Leslie Simon, Miguel Santana, Guido Briceño, Paúl Rosillón, Arturo Guevara, Carmen Teresa Loaiza, Carmen Moschella, Janeth Durán, Mónica Jordán, Julio Rodríguez, Dixie Benitez, Rossana Gamero, Alfredo León Vethencourt, Francesca Latartera, Nancy Gómez, Diego Lombardi, Nestor Torres, Renato e Clara Ríos, Edwin e María Herminia Gutiérrez, Gustavo e Silvia Villalobos, Caroly Cuenca e Marleny Aldana, Goya Sumoza e Celeste Sumoza, companheiros e amigos de várias épocas, por serem inspiradores diretos e indiretos do essencial, da harmonia, das alianças e das mudanças necessárias para o sucesso.

Ao Colégio São Vicente de Paulo, Escola Naval da Venezuela, Instituto Universitário de Tecnologia "Pedro Emilio Coll", AFS Programas Interculturales, Câmara Júnior Internacional (JCI), Câmara das Indústrias do Zulia (CIZ), Fundação Educação Indústria (FUNDEI), Associação Americana de Aprendizagem e Desenvolvimento (ASTD), Associação Venezuelana de Recursos Humanos (ANRI), Newfield Consulting, Universidade Rafael Belloso Chacín, Corporação Andina de Fomento (CAF), Banco Mundial, IESA, Escola Wharton e Escola de Pós-Graduação em Educação (GSE), Universidade da Pensilvânia, sendo as principais organizações na minha formação e no desenvolvimento pessoal e profissional.

Aos milhares de colegas de aprendizagem das conferências sobre o livro Aprendendo a Ser Golfinho em um Mar de Tubarões em várias cidades do mundo. As empresas que confiaram em nós para que nosso modelo fizesse parte de sua estratégia de pessoas, incluindo: Hotéis Hilton da Venezuela e do Caribe, Ford, Pirelli, Toyota, Pfizer, Unilever, Datos IR, Struktura, Complexo Licorero, Ponche Crema, Universidade Tecnológica do Centro (UNITEC), Pharmacia & Upjohn, INCE, Empresas Polar, Renault, Câmara Petrolífera da Venezuela, Sigo, Universidade Corporativa Sigo, Confurca, Lubpven, Instituto IDEA e ACOINVA.

A Leopoldo Alcalá Manzanilla e Eduardo Martí, por terem me convidado para escrever juntos nossos primeiros livros. A Mónico Carvajal e Johana Rodriguez, por sua insistência constante para moldar minhas ideias em um livro. Os convites que, apesar de não terem se cristalizado no seu tempo, agora ganham maior valor.

A Elides Rojas, editor do jornal El Universal e do antigo Economia Hoy; Jésus Sanchez Meleán, editor do antigo jornal La Columna; Juan Carlos Abudei, editor do jornal La Verdad; Eladio Muchacho, editor do jornal Los Andes; Francisco Mata e Luis Superlano, os editores da antiga revista Calidad Empresarial; Marcos Baumgartner, editor da revista T&D Brasil e Ken Shelton, editor da revista Executive Excellence, por me permitirem aprender e apreciar a arte de escrever como colunista de publicações.

A Alberto Vollmer, Rafael Teodoro Zubillaga, Rafael Alfonzo, Edmond Saade, Emmanuel Cassingena, Tony Bingham, Simeón Garcia, Antonio Moschella Carnabucci, Enrique Auvert Silva, Jorge Abudei, Giuseppe De Pinto, Oscar Belloso Medina e Joe Saade, por serem modelos de liderança empresarial de sucesso, dos quais testemunhei a exceção.

A Rafael Echeverría e Alicia Pizarro, por suas contribuições para minha formação como coach executivo. A Ed Betof, Doug Lynch, Stanton Wortham, Chuck Dwyer e Peter Kuriloff, professores do doutorado em Educação e Liderança da Universidade da Pensilvânia, por me desafiarem a ser mais profundo acadêmica e cientificamente, sem descuidar da aplicação prática de tudo o que aprendo. A Karen Fiala, modelo de qualidade de serviço de excelência. A Wes, Joellyn, Scott, Stacey, Lacy, Don, Scott, Michelle, Jessie, Amadou e meus outros colegas de aprendizagem de doutorado, por me incentivarem com suas histórias familiares e de trabalho.

A Dudley Lynch e Paul Kordis, cujo livro *Estrategía del Delfin* (Norrow) chegou às minhas mãos três anos depois de começar a realizar a conferência Aprendendo a Ser Golfinho em um Mar de Tubarões. Seu trabalho sério e sólido, embora pouco conhecido, serviu de inspiração para esta obra.

A Alex Mrvaljevich, Joseph Socorro, María Alejandra Urdaneta, Paola Fuentes, Verónica Mendoza, Juannimar Sánchez, Marianna Bracho, Román Pérez, Dulcemaría Pérez e Juan Manuel Sánchez, os jovens que se esforçam diariamente com os exemplos das pessoas golfinhos.

Fernando Sánchez Arias

Prefácio à Edição Brasileira

Conheço o autor deste livro há mais de uma década. Neste período, pude acompanhar sua trajetória profissional e aprender muito com ele, principalmente nos encontros anuais que temos na Sociedade Americana de Treinamento e Desenvolvimento (em inglês, ASTD – American Society for Training and Developement).

Para mim é mais do que um privilégio escrever este Prefácio para a edição em português, já que conheço o conteúdo deste livro e participei de várias palestras e eventos com Fernando em diversos países. Você verá que, ao longo do livro, Fernando mostra como a sua experiência de mais de 20 anos como consultor de gestão e educação corporativa – com foco nas áreas de liderança, mudança estratégica, inovação e multiculturalismo – fortaleceram seus conhecimentos e possibilitaram sua visão ímpar sobre o mundo.

Lembro-me bem dos anos que antecederam à elaboração deste livro e das conversas que tivemos no sentido de condensar estes conhecimentos de uma forma prática e bastante aplicável. Por isso, prepare-se para a jornada proposta por esta obra!

Ela mostrará várias alternativas com as quais podemos interpretar o comportamento das pessoas que trabalham e vivem conosco – além de ajudar a perceber os impactos de nossos próprios comportamentos.

Fernando propõe soluções e mostra, com o auxílio de poderosas metáforas (comparando situações reais com o comportamento de golfinhos e tubarões), como podemos modificar o ambiente à nossa volta!

Ao longo do livro será possível fazer uma análise lógica dos fatos e, de uma maneira criativa, determinar alternativas e ações que podemos realizar para superar os obstáculos que surgem diante de nós, alcançando novas metas no nosso dia a dia. Você será convidado a refletir se, por exemplo, em momentos de crise seus comportamentos o aproximam de "golfinhos" ou de "tubarões". De acordo com Fernando, "golfinho" ou "tubarão" são condutas que escolhemos dependendo do modelo de atuação com o qual nos comunicamos com o mundo. Para exemplificar, pessoas flexíveis, amigáveis, que demonstram agilidade, disciplina e grande capacidade de trabalho em equipe se aproximam dos comportamentos de um golfinho. Em contrapartida, pessoas rígidas, resistentes a mudanças, egoístas, que buscam incansavelmente apenas benefícios individuais à custa das outras pessoas são comparáveis aos comportamentos do tubarão.

Você verá que, a partir dessas metáforas, ficará mais fácil a compreensão do que acontece à nossa volta e passamos a perceber como nossas reações podem interferir positivamente para melhorar o nosso ambiente. Por tudo isto, esta obra fascina e prende o leitor até o final, produzindo condições para que ele mude comportamentos e obtenha resultados nunca antes obtidos.

Saiba que você tem nas mãos um livro escrito por um ser humano fantástico, muito criativo e talentoso, palestrante internacional, pai de três lindos filhos e casado com uma pessoa muito especial que sempre estimulou sua carreira. Apesar de ser um homem do mundo, vem constantemente ao Brasil e fala português como poucos, além dos outros idiomas que domina. Como ele mesmo me disse recentemente em um congresso do qual participamos: "você pode liderar outras pessoas a partir do momento que pode liderar a si mesmo".

Quando devemos adotar comportamentos de golfinhos? E de tubarões? Estas perguntas nos ajudarão a responder às demandas de um mundo que se transforma muito rapidamente... Por isso, criar novas possibilidades é o que propõe Fernando!

Boa leitura e sucesso!

Alfredo Castro
Presidente da MOT Training and Development, Inc.
Miami e São Paulo
Chairman of the ASTD Advisory Committee

Prólogo

Eu gosto desta história... é como um conto, mas um conto muito sério. Na minha humilde opinião, o sistema educacional atual (pelo menos na Venezuela e aposto que em muitos outros países) carece de um tipo de ensino muito valioso e poderoso para o desenvolvimento de pessoas inteiras, e esta é a atitude mental positiva e proativa para alcançar nossos sonhos e superar os muitos obstáculos que a vida nos apresenta.

Digo isto com alguma autoridade, porque sou instrutor e atleta profissional em um esporte como a apneia, que requer grandes doses de "atitude e visualização de objetivos", entre outras coisas. Por outro lado, percebo que grande parte dos problemas que temos como país, como empresas e como as pessoas vem dessa **"falta de educação"** ou preparação.

Esta história de golfinhos apresentada pelo autor neste livro inspira-nos a desenvolver essa atitude diante da vida que faz a diferença. Essa é a atitude que faz os vencedores, apesar das muitas crises, problemas, obstáculos "intransponíveis", tubarões ou redes atingirem seus objetivos.

Todas essas habilidades e comportamentos não são um **"segredo"**, a questão é que dentro do sistema educacional formal e da educação familiar, na grande maioria dos casos, as técnicas não recebem a devida importância, como, por exemplo, a visualização, a atitude mental positiva, o autoconhecimento e a consciência de quais são seus verdadeiros sonhos e aspirações para orientar sua vida e trabalho nessa direção.

Essa história de **"golfinhos"** é nossa vida, e a meta é que todos nós vençamos, apesar dos tubarões, das redes, dos mares perigosos que cruzam nosso caminho.

Carlos Coste
Recorde Mundial de Apneia
www.carloscoste.com

Sumário

Sobre a Fábula 1
A Fábula 5
Da Fábula à Ação 69
    O Medalhão de Ariel 74
    Agir como Golfinho 75
    4 Cs – 4 Domínios Pessoais 77
    5 Dimensões Sociais 79
    3 Principais Habilidades 83
    13 Saltos 85
    A Condição Essencial: Confiança 89
    13 Armadilhas 91
    Outras Armadilhas 93
Como Usar a Fábula e o Livro 95
A História da Fábula 99
Bibliografia Utilizada e Recomendada 103
Sobre o Autor 113

Sobre a Fábula

Este livro é para você!

Não importa se você é um CEO de uma multinacional, gerente de uma empresa nacional, professor universitário, dona de uma loja de roupa, professor de escola, prefeita, líder político, funcionário público, piloto de carros de corrida, presidente de uma associação de moradores, ministro religioso, padre, vendedora, treinadora de esportes, jornalista, proprietária de uma oficina mecânica, escultor, cantora, general do exército, oficial de polícia ou dona de casa. A excelência não se diferencia pela cor, raça, sexo, idade, classe social, religião, ideologia política, nível organizacional e muito menos pela área de atuação.

Todos nós aprendemos e amadurecemos em tempos de crise, quando estamos à beira do precipício, quando enfrentamos problemas pequenos e grandes ou quando diante de nós surgem as melhores oportunidades. É exatamente nestes momentos quando definimos quem somos e de que somos feitos.

Nosso mundo está mudando. O espaço político, econômico e social já não é o mesmo. A tecnologia e a ciência estão avançando rapidamente e vêm transformando a forma como nascemos, aprendemos, vivemos e morremos. O meio ambiente também tem mudado: nossos rios, selvas, lagos, florestas, mares e oceanos já não são como eram antes e o clima está cada vez mais instável. A incerteza já faz parte da nossa realidade e temos de aprender a atingir o que queremos e merecemos, apesar de não sabermos o que vai acontecer amanhã.

Este livro é para você, que deseja ser essa pessoa capaz de produzir melhores resultados em tempos de crise, mudanças e crescimento; para você que quer se destacar no que faz, que quer atingir metas com qualidade e excelência; procurando que suas realizações tenham um impacto positivo na sua família, local de estudo ou de trabalho e em sua comunidade.

Aprendendo a Ser Golfinho em um Mar de Tubarões

Este livro é voltado, pelo menos, para cinco tipos de pessoas:

a. Pessoas que se sentem realizadas e desejam melhorar suas estratégias ou que procuram compartilhar suas conquistas com a família, discípulos e colegas de trabalho.

b. Pessoas que desejam gerar mudanças e melhorias na sua vida pessoal, familiar, acadêmica e profissional, e em comunidade de forma harmoniosa e eficaz.

c. Pessoas que estão começando suas vidas e carreiras profissionais, querendo alcançar seus objetivos de forma mais produtiva e rentável.

d. Pessoas que têm a responsabilidade de educar os outros nas empresas, ONGs, unidades governamentais, universidades ou escolas.

e. Pessoas que estudam em qualquer nível, que desejam começar a desenvolver e utilizar na sua vida os fatores que podem apoiá-las, se assim decidirem, em seu caminho de ser pessoas capazes de conseguir o que querem e merecem.

Aprendendo a Ser Golfinho em um Mar de Tubarões (ASD) não é um tratado acadêmico ou científico, nem pretende se tornar um livro para comparar pesquisas, argumentos ou modelos. Baseia-se na aplicação prática de modos de pensar, sentir e agir que têm funcionado para pessoas e organizações de diferentes áreas de trabalho, países e culturas. Este é um livro simples, escrito para ajudar de forma clara e inspiradora a atingir objetivos específicos pessoais, gerir mudanças e alcançar um melhor desempenho onde você trabalha ou atua.

Acreditamos que as histórias são mágicas. Elas nos atraem, divertem e marcam. Sejam crianças, jovens, sejam adultos, as fábulas nos estimulam a aprender, são uma desculpa para falar com a família, amigos, alunos e professores. Seus ensinamentos estão, por vezes, modelados em morais claras, outras vezes em mensagens educativas, às vezes estão um pouco ocultas em cada história. Em qualquer caso, ajudam-nos a entender os temas mais confusos e desafiantes de nossas vidas, de forma agradável, impressionante e eficaz. Por meio desta história, procuramos fazer você familiarizar-se com fatores que permitem que as pessoas, organizações e comunidades sejam prósperas, felizes e bem-sucedidas.

Fernando Sánchez Arias

Os grandes professores e líderes utilizam relatos, fábulas e histórias para transmitir seus ensinamentos e mensagens de mudança para um mundo melhor. Nosso mundo exige que as pessoas como você se transformem em construtores de uma sociedade melhor, começando por suas famílias, locais de estudo, trabalho e comunidades.

Ao escrever este livro, seu livro, fazemos com a consciência e a declaração de humildade de que não cumprimos de forma permanente tudo que sugerimos nele, de que estamos, como você, em um processo contínuo de aprendizagem e aperfeiçoamento, que leva diariamente a revermos e a exigirmos que tomemos decisões e pratiquemos ações conforme o compromisso de agir com excelência.

As linhas deste livro foram escritas em aviões ao redor do mundo, em aeroportos, salas de espera, táxis, em nossa casa e escritório. Entre conferências e palestras, entre reuniões e encontros. Foram feitas com muita paixão e com o compromisso de servir ao próximo, por meio da nossa experiência, nossa curiosidade e nossa necessidade de compartilhar o que aprendemos com nós mesmos e com os outros mais sobre o que pode ou não funcionar rumo à realização transcendente.

Na primeira parte, você irá divertir-se com a fábula escrita especialmente para você. Poderá identificar alguns personagens com pessoas que conhece e, talvez, você até possa se ver. Na segunda parte, dividimos o modelo de liderança pessoal e profissional que diferencia as pessoas e as organizações entre golfinhos e tubarões, identificando as condutas ideais e armadilhas a serem evitadas, colocando à sua disposição esquemas, com seu próprio julgamento e interpretação, para que você aplique à sua realidade.

É com muita paixão que eu convido você a nadarmos juntos, para conhecermos o que as pessoas comuns e atuais conseguem, rompendo barreiras, tomando decisões, honrando o que você merece ser: uma pessoa produtiva, bem-sucedida e feliz.

Fernando

Maracaibo, Venezuela
13 de junho de 2009

A Fábula

Hoje é meu primeiro dia. Um dia especial. No ventre da minha mãe, lembro-me desses 10 meses, em que recebi o amor e o carinho para ser quem eu sou.

É mágico pensar que devemos o que somos aos outros, que tomaram a decisão de se unir para nos dar a vida.

Aqui dentro, confesso que sinto um pouco de medo. Eu estava tão confortável, tão protegido, tão seguro... Tudo isto eu vou colocar em risco hoje, quando chegar o momento de sair.

Sinto algo que me aperta, me passa de vez em quando, com a mesma frequência, como se me empurrasse... Que estranho!

Lá fora devem estar minhas tias e meu papai. Eles estão sempre lá, cuidando da mamãe.

Outra vez essa pressão, um empurrãozinho. Acho que não há mais espaço para mim aqui.

Sinto meu cérebro enviando mensagens para todo o meu ser, sinto meu coração levando o sangue que oxigena meu organismo, sinto meu corpo todo, esta estrutura que me permite mover, sinto meu espírito enchendo-me de energia. Para que eu vou ter tudo isso?

Novamente a pressão... Escuto a voz da minha mãe dizendo que estou vindo... Mas, para onde? Sinto sua emoção, um pouco nervosa e alegre ao mesmo tempo. Tenho medo de deixar essa segurança.

Em meio de tudo, das pessoas, as vozes de mamãe, do papai e das minhas tias, houve um grande silêncio...

E nesse silêncio percebi uma voz que nunca havia escutado:

"Para nascer é necessário arriscar perder a segurança."

Aprendendo a Ser Golfinho em um Mar de Tubarões

As palavras tocaram todo o meu ser, era como se saíssem de cada centímetro da minha pele. Foi muito estranho.

– Quem é você? – perguntei e não houve resposta. Para ser sincero, senti mais medo. "De onde viria essa voz? Por que chegava de forma diferente das vozes do papai, da mamãe e das tias?"

Outro empurrão me tirou dos meus pensamentos. Resisti para sair. "Por que vou deixar isto?" Fiz pressão. Senti medo. "Eu não vou sair, vou ficar aqui", eu disse para mim mesmo.

Mais pressão, um novo empurrão. O que fazer? Eu me concentrei, ainda no meio das pressões que se tornavam mais frequentes e mais longas. Só tinham passado alguns minutos e parecia muito tempo. Vieram à minha mente lembranças das canções que minha mamãe cantava para mim, de quando me mexia inquieto dentro dela, das palavras do papai através da pele que me protege. Então, eu disse para mim mesmo: "se eles estiverem ali fora, não pode ser tão ruim assim... Diferente sim, mas não ruim".

Novamente o silêncio e de novo essa voz:

"Lembre-se: para nascer é necessário arriscar perder a segurança."

Outro empurrão... Mais pressão, uma onda de luz me envolveu e do fundo do meu ser, eu disse para mim mesmo: sim, vou!

I

Amanhecia e a serenidade do azul cristalino das águas só foi superada apenas pelo calor da temperatura. A brisa acariciava sutilmente o topo das ondas tranquilas. Parecia que o Universo conspirava para criar um espaço cobiçado por qualquer ser humano... E, talvez, por aqueles que, até sem assim dizer, eram mais humanos do que nós.

Rebe tinha se preparado há mais de 10 meses para este dia. Cada novo amanhecer a aproximava desse momento mágico, do qual eu sempre me recordaria. Sentiu uma contração dentro dela e um pouco de medo a invadiu, para depois dissipar ao ver os olhos suaves de seu marido Lui, que pacientemente a acompanhava neste momento crucial, acariciando-a repetidamente enquanto esperavam.

Os três iam acompanhados por seus pais e irmãos, que eram mais experientes nesses assuntos. Eles nadavam com elegância e serenidade enquanto esperavam. Rebe sentiu mais uma vez a contração interna e soube imediatamente que tinha chegado o momento. Ela piscou para Caro, sua irmã, e enviou um sinal de onda para Lui, avisando para ele.

Cercada por seu marido, seus pais, familiares e amigos, Rebe se dispôs a dar as boas-vindas ao seu primeiro descendente. O silêncio do oceano se fundiu com seus gemidos e o agito das águas, como se soubessem do nascimento maravilhoso de um novo golfinho.

Ariel se mexeu dentro de sua mãe e, instintivamente, procurou sair do lugar bonito, onde tinha permanecido por quase um ano. O início foi difícil, mas suas próprias tentativas e as contrações de sua mãe o ajudaram a sair. Por fim, do lado de fora, ele sentiu o contato, a pressão e o frescor da água, bem como a necessidade de respirar pela primeira vez o ar puro neste novo mundo, seu mundo.

"Onde estou?", perguntou-se Ariel. O ambiente que agora o rodeava era muito diferente daquele que tinha conhecido durante onze meses. Sentiu frio e, por um momento, pensou que estava sozinho, mas, em seguida, aproximaram-se dois seres amorosos: seu pai e sua mãe que brincaram com ele; risos, saltos e carícias o convidavam para se adaptar ao seu novo ambiente, o mundo da liberdade.

A infância de Ariel, cujo nome tinha sido escolhido em homenagem a um golfinho professor, desenvolveu-se entre jogos, aulas de captura de peixe para se alimentar, treinamento de nado e salto, assim como práticas difíceis, mas necessárias, de linguagem e comunicação. Da mesma forma como acontece com todos os golfinhos de nariz de garrafa, o trabalho de educar e preparar a prole para sua independência e interdependência era compartilhado entre seu pai, sua mãe e seus avós, que se revezavam na tarefa importante de torná-lo um golfinho saudável, inteligente e sociável.

Aos poucos, Ariel começou a dominar sua língua com habilidade, enviando e recebendo ondas através da água para se comunicar, determinar sua posição, detectar ameaças e localizar alimentos. Ele aprendeu a saltar sobre as ondas, deleitando-se com a alegria que dava ao vencer momentaneamente a gravidade, permanecendo no ar por alguns segundos, em seguida mergulhando novamente de cabeça na água. Aprendeu a usar seu corpo, seus pulmões e suas barbatanas, com poucos metros de impulso, para sair disparado como um torpedo até a superfície e executar saltos majestosos e elegantes. Ele aprendeu também a repousar ficando alerta, descansando metade do cérebro e mantendo em semivigília a outra metade, a fim de poder respirar e identificar as fontes de perigo para si próprio ou seu grupo. Um dos professores ensinou a magia de controlar seus órgãos internos para otimizar o uso de oxigênio quando há mudanças de temperatura e outros perigos.

Todas as manhãs, acordava para buscar seu café da manhã com o grupo. Aprendia com os mais velhos, seus primos e amigos experientes. Perseguia os cardumes de sardinhas ou outros peixes pequenos em um esforço em equipe como nenhum outro. Seus genes o faziam agir de determinada maneira, seu espírito, de outra forma mais profunda, exigia que ele fosse diferente para dar mais do que os outros davam.

O tempo foi passando e Ariel crescia e desenvolvia-se, ficando mais forte, cheio de vitalidade e elegância. Destacava-se por sua velocidade, era um dos golfinhos mais rápidos de todo o grupo. Foi criando relações fortes com os outros membros e um deles, Tom, ocupava um lugar especial em seu coração. Era seu companheiro favorito de brincadeiras, estudo, exercícios, aventuras e formavam uma equipe excelente de caça. Tom era muito bom para detectar cardumes e logo Ariel, com sua velocidade, armava uma emboscada e dirigia-se para algum lugar onde os dois podiam pegá-los com facilidade. Passavam horas conversando e ouvindo suas histórias, explorando águas ou experimentando novas técnicas para pegar peixes. De tanto apreço que tinham um pelo outro, fizeram uma promessa de que sempre se cuidariam.

II

Certa manhã, o grupo buscava alimentos quando percebeu ondas cheias de mensagens de medo e alarme. Passaram para um estado de alerta e nadaram em grupo em direção à fonte dos sinais. Eles vinham de um golfinho de outro grupo, chamado Heren, e o que viram ao se aproximar era algo assustador: uma imagem impressionante que causou forte impressão em Ariel, que, até aquele momento, em seus oito anos de vida, só tinha tido experiências de alegria, amor e paz. Na água, flutuava o corpo inerte de um golfinho mais velho, com uma grande ferida nas costas que chegava também à parte da nadadeira superior, resultado de uma mordida terrível. Muito próximo dali, havia dois golfinhos fêmeas, uma mais jovem do que a outra, tentando a duras penas suportar, flutuando o corpo do golfinho ferido, de modo que ele pudesse respirar na superfície.

Heren, o líder de outro grupo, acompanhado por sua esposa Erci e o resto do grupo, explicou que Julius, o golfinho moribundo, tinha sido atacado por um grande tubarão branco. Chegaram por causa dos sinais de pedido de socorro e, juntos, tinham conseguido afugentar o predador, mas já era tarde demais para quem tinha levado a pior parte tratando de defender suas esposa e filha do ataque.

As ondas de medo e tristeza que aqueles golfinhos emitiam eram ao mesmo tempo apavorantes e comoventes. Ariel estava aflito e confuso com aquela experiência tão inesperada, que gerava sensações desconhecidas até então. Minutos mais tarde, Julius parou de respirar e o choro de seus entes queridos invadiu o oceano.

Atil, o avô de Ariel, e outros golfinhos mais velhos muito experientes alertaram sobre a possibilidade de que o sangue do falecido Julius atraísse outros predadores e, devido ao perigo que isso poderia representar para os outros golfinhos, mandaram que todos se afastassem do local. Três dos membros mais fortes do grupo ficaram para limpar o corpo de Julius, envolvê-lo com algas e elevá-lo com respeito e dignidade, enquanto o resto do grupo se afastava emitindo sinais de honra e de despedida. Sem entender muito o que estava acontecendo, Ariel acompanhou seu grupo perguntando-se o que tinha acontecido, se era um tubarão branco e por que ele agia com essa violência, que tanto seus pais e avós tinham ensinado a evitar.

Naquela noite, Ariel se aproximou de seu avô e perguntou-lhe o que aconteceu. Ele ainda podia lembrar-se das sensações da cena dolorosa e assustadora de Julius morrendo, diante do sofrimento e desespero de suas esposa e filha.

Atil explicou que os tubarões brancos eram predadores provenientes de uma espécie de mais de 19 famílias diferentes. Podiam medir de 4 a 6m de comprimento e pesar até 1.200kg. Seu nome era decorrente da cor branca de seu ventre, apesar de ser cinza-acastanhado na parte superior, possuindo audição e olfato excepcionais que, juntamente com suas células sensíveis da pele, podiam detectar presas a grandes distâncias.

Seu avô lhe disse que os dentes afiados triangulares dos tubarões brancos estavam dispostos em diversas fileiras, de modo que poderiam ser substituídos, caso fossem perdidos, que as suas mandíbulas poderiam apertar e partir em dois qualquer golfinho e eram temidos não só por estes, mas por elefantes e leões-marinhos, focas, tartarugas, aves marinhas e até mesmo outros tubarões, como, por exemplo, o azul e o touro. Nadavam sozinhos, vagando pelos oceanos e mares. Eram muito fortes, como também solitários e traidores.

Havia uma lenda de uma das famílias de golfinhos, segundo a qual os tubarões tinham sido, numa época, bons animais que tinham escolhido o caminho da agressividade, violência, arrogância, e tinham sido transformados em seres de transição, isolados e desconectados, apesar da sua força e poder.

Atil falou durante horas sobre os tubarões, contou histórias de seus encontros com eles, suas lutas e fugas, e mostrou uma cicatriz deixada por um grande tubarão branco que tentou atacar seu grupo, muito antes de Ariel ter nascido. Também contou sobre a aventura surpreendente de como o grupo tinha se salvado, quando orientou os demais golfinhos mais velhos contra o tubarão branco para acertá-lo em suas brânquias laterais, imobilizando-o e deixando-o confuso. Não foi fácil, mas a comunicação, o foco, o trabalho em equipe e a capacidade de ousar de cada um deles serviram para defender e proteger os outros.

O episódio da morte de Julius e a conversa posterior com seu avô marcaram Ariel, que desde então se perguntava com frequência o que faria se tivesse ocorrido algo parecido com ele, com algum de seus familiares ou amigos.

III

Havia passado quase um ano do incidente com Julius. Ariel e Tom nadavam quando perceberam ondas de outro grupo, dentro das quais Ariel poderia diferenciar uma muito peculiar. Eles se aproximaram e o jovem golfinho sentiu algo mais forte: não era a mesma energia, não era força, não era vitalidade, não era algo corporal, Ariel não sabia descrevê-lo.

Momentos depois de o grupo ter chegado, um lindo golfinho fêmea, chamado Oli, aproximou-se deles. Ariel estava aflito, vibrava intensamente, seu coração batia com aceleração incomum e sentia-se conectado a esse golfinho desconhecido. Tom observou que estava acontecendo com seu amigo e convidou os dois para nadar e saltar. Naquela noite, entre cambalhotas, mergulhos, jogos e risadas, os três jovens golfinhos se divertiram com uma nova amizade e um sentimento mais poderoso, o que os golfinhos chamavam de "poder supremo".

Mas aquele grupo não tinha chegado lá por acaso. Os peixes e os outros meios de subsistência estavam escassos, as bactérias e os parasitas que causavam doenças estavam aumentando e a serenidade das águas perdia-se aos poucos por causa da contaminação ambiental, dos resíduos tóxicos, da pesca de arraste, da captura irresponsável de atum e de outras espécies, além da ação predatória de tubarões e seres humanos. O grupo de lá tinha decidido juntar-se ao grupo de Ariel e Tom para cooperar em harmonia, compartilhando comida e melhorando as chances de pegar alimentos, fazendo um uso mais racional, eficaz e produtivo dos recursos disponíveis.

Essa decisão com sinergia de dois grupos permitiu que Ariel, Tom e Oli pudessem aprofundar sua amizade e compartilhar momentos agradáveis durante muitos meses, enquanto a quantidade das obrigações de cada um aumentava devido aos novos desafios que os grupos enfrentavam. Mas Ariel, que nunca antes tinha acreditado que tivesse algo melhor do que suas brincadeiras e aventuras com Tom, agora procurava passar cada vez mais tempo a sós com Oli. No início, Tom ficou chateado porque seu amigo não ficava muito tempo com ele como antes, mas, aos poucos, foi percebendo que o que Ariel sentia por Oli não devia afetar a amizade deles. Na verdade, Tom começou a olhar com bons olhos a relação entre Oli e seu melhor amigo, e ficava jogando piadas sobre isso. Ariel, a princípio, rejeitava as indiretas frequentes de Tom, mas acabou aceitando em público sua nova felicidade causada pelo amor que sentia por Oli e por saber que esse sentimento era recíproco.

Fernando Sánchez Arias

IV

Quando Ariel fez 10 anos, seus pais o chamaram para uma conversa particular e comentaram que logo teria que fazer a Grande Viagem. Ariel já sabia do que se tratava, porque seus professores haviam dito a ele sobre a viagem que muitos golfinhos faziam quando chegavam a cerca de um terço de vida. Consistia numa travessia até uma baía paradisíaca situada a milhares de quilômetros de distância dali, no Golfo do México. Às vezes, era feita em grupo, outras vezes, era sozinho. Dependia muito da decisão pessoal de cada golfinho e, embora a Grande Viagem representasse um grande evento, não estava livre de riscos. Alguns golfinhos jamais haviam retornado...

Ariel concordou que partiria em uma semana e quase todos os seus pensamentos durante o resto daquele dia foram dedicados à sua Grande Viagem – primeiro, dar a notícia para Oli e depois, à noite, ainda inquieto, saiu à procura de Tom, que descansava. Com alguns estalos, chamou-o, acordando-o e disse para ele o que tinha conversado com seus pais. Tom respondeu que o momento da Grande Viagem também tinha chegado para ele, assim sua mãe tinha informado em uma conversa longa com ele dias antes, pois o pai de Tom havia morrido há seis anos, preso em uma das temíveis redes de pesca abandonadas no Oceano Atlântico por pescadores irresponsáveis.

- Por que você não me disse nada, Tom? Seria ótimo se fizéssemos nossa Grande Viagem juntos – comentou Ariel.
- Eu pensei que você gostaria de fazer a sua viagem com Oli... – respondeu Tom, com um olhar sacana. Todos nós já sabemos que vocês estão namorando e é claro que os dois são feitos um para o outro – acrescentou.
- Não, ela já fez a dela, retornou pouco antes que nossos grupos se reunissem. Na verdade, seria um prazer que meu melhor amigo me acompanhasse.
- Novamente para cuidar um do outro?
- Claro! Isso nunca esteve em dúvida.
- Então, trato feito!

Na madrugada do dia escolhido para a partida, Ariel acordou inquieto. Quando o Sol raiou, despertaram também emoções pouco comuns. Lembrou o que havia sentido ao nascer, o que experimentou durante o episódio da morte de Julius, as novas sensações que surgiram ao se encontrar com Oli e o que, agora, compartilhava com ela. Ariel estava com medo de deixar sua família, seu grupo, de se afastar das águas conhecidas e de tudo que havia sido sua vida até agora. Mas, também, sentia o que tinha que fazer e contava com a companhia de Tom, pois o acalmava.

Antes de sair, Lui e Rebe se despediram dele de forma carinhosa. Rebe, sua mãe, se aproximou e disse:

– **Lembre-se de onde você veio, tenha consciência de onde está e valorize a imagem que você vê lá aonde vai.**

Lui, seu pai, seguindo o ritual próprio de sua família, deu-lhe um medalhão, que pediu que fosse mantido com ele, e aconselhou a ter três palavras presentes durante toda a viagem, enquanto sua mãe sussurrava no ouvido: *"Aprendizagem, Comunicação e Foco".*

Ariel olhou nos olhos de sua mãe e sentiu sua sabedoria. Ele viu seus pais e avós que vieram para se despedir dele e, por um momento, pensou em ficar; no final das contas, não era obrigatório, pois tinha tudo ali. Naquele momento, ele ouviu uma voz interna de origem desconhecida cujo código sonoro também não conseguia identificar:

"Escute com atenção as palavras dos mais velhos, receba-as com respeito e, então, atreva-se a tomar a melhor decisão."

Ele se assustou. Não sabia com quem estava falando ou de onde o som vinha – lembrou que antes do nascimento, tinha ouvido a mesma voz. Ele refletiu novamente e, então, ao trocar mensagens com sua família, partiu. Mais tarde, juntou-se a Tom e durante alguns minutos os dois nadaram em silêncio. Foram em direção ao norte, como haviam indicado os mais velhos, quando sentiram ondas alegres provenientes de águas próximas – era ali que ela vinha para se despedir deles. O lindo golfinho fêmea se aproximou nadando e saltando com graça. Ariel brincou com ela por alguns instantes, pensando como seria bom ficar ali naquele conforto. Ele ousou contar seus sentimentos para ela, enquanto Tom estava esperando por ele a uma distância segura. Depois que Oli escutou Ariel, perguntou:

- Qual é o seu maior sonho? Pense nisso ou, caso contrário, sua Grande Viagem não terá sentido, Ariel. Seja claro sobre seu sonho em mente e, depois, lembre-se das palavras que uma tartaruga sábia e idosa me disse, que conheci uma vez: *"jamais deixe o medo lhe roubar seus sonhos"*.

Cheio de incertezas, meditando sobre as palavras de Oli e no que seus pais e avós tinham dito, Ariel começou definitivamente sua viagem em companhia de seu melhor amigo. As correntes mudavam de temperatura à medida que se afastavam do grupo, a velocidade das ondas aumentava e a cor das águas ficava mais intensa. Tom mencionou que um golfinho do grupo tinha dito que, durante a Grande Viagem, muitas foram as mudanças que enfrentaram. O frio, a força das correntes e a escuridão apresentavam-se como um prelúdio para os desafios a serem vividos.

Enquanto nadavam, enviavam ondas para poder identificar, com seu som, se havia barreiras de coral, predadores, barcos, estruturas rochosas ou destroços de algum navio abandonado. Tudo era claro, era um bom presságio. Continuaram nadando por horas e, enquanto nadavam, a pergunta de Oli permanecia viva na mente de Ariel: "Qual é seu sonho?" Sem isso, a viagem não teria sentido.

Durante as três semanas seguintes, os dois golfinhos avançaram explorando novas águas e aprendendo um com o outro. A Grande Viagem parecia ser uma travessia sem maiores inconvenientes, mas as palavras de Oli continuavam rodando a cabeça de Ariel – "Qual é seu sonho?" – voltando a se repetir, sem ter uma resposta clara. Enquanto nadavam, lembrou-se de seus pais e avós, professores e instrutores de natação, caça, salto e comunicação, tentando identificar um modelo inspirador. O que você queria ser? Então, em uma manhã, na qual pensava cuidadosamente sobre as perguntas, algo falou com ele novamente, no mais profundo de seu ser. A voz voltou a visitá-lo:

"Ouse ser você mesmo! Ouse ser o que você merece ser!
Nós todos viemos ao mundo tendo liberdade com a nossa missão.
A resposta está em você, Ariel... dentro de você."

– Quem é você? De onde você vem? – Ariel perguntou em voz alta, sem ter resposta.

Ao ouvir Ariel falar, Tom perguntou:

– Está acontecendo alguma coisa contigo? Falava comigo?

– Não, Tom, não foi nada – mas a preocupação persistia na cabeça de Ariel.

Fernando Sánchez Arias

V

Gorzo vagava nas águas profundas. Empanturrado, movia-se lentamente levando em sua boca aberta e feroz o sabor da tartaruga infeliz que tinha cruzado seu caminho, tendo acabado com sua festa minutos antes de um pobre peixe-espada ter tido, há pouco tempo e tarde demais, a inconveniência de nadar na área de um tubarão branco.

O apuradíssimo olfato de Gorzo percebeu a presença de alimento fresco não muito longe de onde estava. O rastro que tinha pegado, embora fraco, foi suficiente para que ele o seguisse e, assim, o fez, mesmo que tivesse acabado de comer até ficar saciado. Aumentou ligeiramente a velocidade e uma sensação de vitória invadiu seu corpo robusto quando confirmou que o que detectou era uma das presas mais cobiçadas, mas também mais difíceis de capturar: golfinhos!

A possibilidade o estimulou, embora o que agora perseguia não fossem peixes simples, os golfinhos muitas vezes andavam em grupos muito bem organizados que poderiam se afastar de seus ataques. No entanto, aquele rastro não parecia ser de um grupo grande, mas sim de um ou dois indivíduos. Gorzo, mesmo com a repugnância que o alimento recém-engolido causava e sabendo que a paciência, a contemplação e o ataque-surpresa do fundo eram suas melhores armas, decidiu seguir a pista dos golfinhos à distância, para não ser detectado e esperar surgir uma oportunidade para poder mostrar seu jogo traiçoeiro e eficaz.

Ariel e Tom continuavam sua viagem. Tudo ia bem, mas, às vezes, Tom tinha que chamar seu amigo Ariel, que, absorto em pensamentos, avançava mais rapidamente, sem perceber que o deixava para trás. Em um desses momentos em que ele conseguiu alcançá-lo e intrigado com seu silêncio, Tom perguntou:

– O que está acontecendo com você, Ariel?

Ariel decidiu confessar para ele as preocupações que nadavam em sua mente como resultado das últimas palavras que ele tinha dito a Oli:

— A verdade é que eu me preocupo por não saber o que eu quero da minha vida. Qual é seu sonho, Tom?

De forma concreta e firme, Tom respondeu imediatamente:

— Continuar sendo feliz, Ariel. Ter um ou dois filhotes com alguém que me ame e que eu ame, e ser um excelente professor de comunicação, assim como Juan, que eu tive na minha infância.

"Caramba!", pensou Ariel. Fazia tanto tempo que conhecia Tom, tiveram tantos momentos juntos e foi só agora que descobriu os sonhos de seu amigo. Estava surpreso com a clareza e a confiança com que lhe havia contado e perguntou:

— Como você conseguiu, Tom?

— Conseguir o que, Ariel?

— Ter o seu sonho tão claro!

— Foi na escola de comunicação – continuou Tom – com Juan, o professor de comunicação que acabo de mencionar. Lembro-me que, em uma aula, ele pediu que colocássemos em nossa mente uma imagem pouco antes de morrer: como queríamos morrer, onde, com quem; só nos pediu para não pensar em quando. Muitos de nós ficamos paralisados sem saber o que fazer.

— Pensar na forma como eles queriam morrer, você disse? – Ariel perguntou, surpreso.

— É uma ideia forte, sim, mas ele nos ajudou levando nossa mente para o futuro. Em seguida, ele acrescentou que quem não tem visão clara do futuro nada sem rumo fixo, como um ser primitivo, que fica preso nas águas da ambiguidade, dispersão e indecisão. Uma visão clara, disse-nos, um sonho sentido nos permite saber para onde ir, o exercício que fizemos para nos ajudar a verificar se realmente queremos chegar lá, sem importar quanta incerteza existe. Foi assim que concebi meu sonho, Ariel, que valorizo não só na minha mente, mas no meu coração.

A conversa com Tom deixou Ariel ainda mais confuso. Visualizar sua própria morte no futuro? O que era isso de saber para onde ir e querer ir ou não até lá? O que eu tinha dito para Tom parecia inútil e até mesmo estúpido para ele, porém o mais importante era se concentrar em coisas práticas, tais como a rapidez, a velocidade ou a capacidade de saltar. Mas, dadas a segurança e a serenidade com que Tom tinha se expressado, Ariel preferiu permanecer em silêncio. Com concentração, nadou e nadou, imerso em seus pensamentos, não percebendo que, mais uma vez, aumentava significativamente sua velocidade.

De repente, viu-se sozinho, não havia sinal de Tom. Ariel parou e correu o olhar de um lado ao outro. O que tinha acontecido? Ariel sabia que ele era um dos mais rápidos e velozes do grupo. Sua força vertiginosa para superar a resistência da água e alcançar registros notáveis havia lhe conferido sua bem merecida fama de veloz. Ele se deu conta de que não só havia deixado Tom, mas, tampouco, sabia onde ele estava. Como tinha sido capaz de deixar seu amigo para trás? Como não tinha percebido que seu ritmo de nado era diferente do de Tom?

Neste momento, a voz apareceu novamente:

"Não basta ser rápido, Ariel, mais importante do que chegar em primeiro lugar é saber chegar e chegar onde você quer. Tenha foco, Ariel, tenha foco."

Ariel começava a se preocupar com aquela voz que, embora fosse um pouco mais familiar, após várias aparições, não parava de incomodar. Ele já estava ciente de que não tinha valido a pena ser tão rápido, se tivesse deixado para trás só seu companheiro de viagem não precisava ser lembrado. Ele também sabia que tinha perdido o rumo e isso o incomodava profundamente. Entretanto, algo pior, não só tinha perdido seu amigo e seu curso, mas também a mochila com suas provisões.

Anoiteceu e a água estava muito fria. Ariel estava sozinho e tinha fome, tinha tentado pegar alguns peixes e sardinhas, mas era muito difícil caçar sem apoio. Ele pensou em Tom e no grupo, lembrou-se de como era fácil a pesca em equipe. Foi a primeira vez que tentava sozinho e estava aprendendo de forma muito dura a importância dos outros. Ele sentia saudades deles. Sentiu nostalgia.

Finalmente, pegou dois peixes pequenos que mal saciaram sua fome. Ele percebeu que era importante guardar os recursos e cuidar deles. Enviou mensagens para Tom, com a esperança de que ele responderia. Nada... nem um estalido leve. Decidiu voltar para sua busca, mas não conseguiu encontrá-lo.

Fernando Sánchez Arias

VI

Gorzo vagava no fundo do mar, esquadrinhando aqui e ali, enquanto continuava atrás dos golfinhos, mas sem deixar de beliscar quando alguma coisa comestível passava por ele. De repente, notou uma diferença no rastro que seguia e fez uma cara de complacência; aparentemente os golfinhos que ele espiava se separaram. O rastro de um deles se afastava, enquanto o outro parecia ficar para trás, talvez este fosse o momento que estava esperando. Então, sentiu também o cheiro muito mais perto de um cardume de atum e não querendo perder a oportunidade de ter algo mais na pança, decidiu segui-lo. Já voltaria depois dos golfinhos ou, no pior dos casos, encontraria alguma outra coisa para engolir.

Mais tarde, quando estava perto do cardume, Gorzo acelerou do fundo e sem permitir quase nenhum tempo de reação, atacou com violência, permitindo a captura de um atum descuidado que engoliu de um só golpe. Já estava preparado para tentar um novo ataque quando sentiu a presença de um barco de pesca. Gorzo, lutador experiente e conhecedor dos perigos que os seres humanos representam, preferiu desistir e, lembrando-se dos golfinhos, decidiu mudar de rumo novamente e retornou a busca, preferindo ficar longe daqueles pescadores chatos.

Enquanto isso, Ariel continuava procurando e procurando Tom sem resultado. Ele estava triste, com fome, cansado, depois de ter desperdiçado suas energias e perdido suas provisões. Ele recriminava ter sido a causa da solidão que agora vivenciava. Passou várias horas pensando nisso, quando conseguiu detectar um movimento estranho, e somente porque a luz da lua passava algo de noturno da água ele pôde ver uma mancha que se aproximava do fundo do mar com velocidade, indo em sua direção. Ariel sentiu seu corpo inteiro em estado de alerta máximo e uma forma nova e desconhecida de medo envolveu-o ao observar que a macha se transformava em uma cavidade pavorosa e imensa cheia de dentes que se enfileirava direto na direção dele. Ele conseguiu se esquivar do ataque por muito pouco e, sentindo um corpo poderoso passar por ele, percebeu de imediato que o horror do qual havia dito seu avô, Atil, tornou-se realidade: ele estava sendo atacado por um grande tubarão branco.

Ariel iniciou a fuga, mas o tubarão estava determinado a não deixar escapar sua presa e saiu em perseguição. O golfinho sentiu o predador detrás dele e apenas alguns movimentos ágeis e aleatórios em todas as direções permitiram que ele evitasse as dentadas furiosas que a besta lançava. Tentava mudar de rumo, mas aquele inimigo temível persistia em suas investidas. Tentando escapar, Ariel acelerou para dar, depois, uma volta súbita e, de repente, percebeu que o tubarão já não o seguia mais, e aproveitou então para subir à superfície e encontrar um novo suprimento de oxigênio. Quase não teve tempo para descansar, nem havia terminado de aspirar ar quando sentiu novamente um movimento e, então, ele viu com horror que o animal monstruoso retornava, que ele se afastou apenas para tentar um segundo assalto.

Por um instante, Ariel se lembrou da imagem do corpo de Julius terrivelmente ferido e sentiu que o pânico o paralisava. No último momento, o instinto de sobrevivência o forçou a sair da linha do novo ataque. Começou outra perseguição. A fera implacável vinha correndo atrás dele e Ariel não sabia o que fazer, conforme as mandíbulas mortais se aproximavam cada vez mais. Seus terror e desespero aumentavam quando, de repente, um mero desprevenido passou entre eles e Gorzo, sem perder tempo, o partiu em dois de uma mordida fulminante, parando para devorar o resto de sua vítima. O fim súbito e lamentável do mero deu para Ariel a oportunidade que precisava de se afastar e escapar desta agonia terrível.

Embora o perigo tivesse ficado para trás e as forças começassem a abandoná-lo, Ariel continuou nadando e nadando sem parar, sem rumo e com o único propósito de escapar. Somente quando se sentiu seguro o suficiente, já sem fôlego e completamente exausto, ele parou e pôde finalmente descansar.

Aprendendo a Ser Golfinho em um Mar de Tubarões

VII

Já era dia quando ruídos fortes, muito diferentes dos do oceano, tiraram sua letargia. Alguma coisa muito rápida e grande tinha passado perto dele, na superfície do mar. Ficou assustado. "O que foi aquilo? Outro tubarão? O que devo fazer?"

O ruído parou de repente e Ariel começou a ouvir um código de sinais tão estranho quanto irreconhecível. De repente, percebeu que algo parecia ter mergulhado perto de onde ele estava. Intrigado e depois de descartar a presença de tubarões, Ariel se escondeu atrás de alguns corais e dali observou quatro criaturas desconhecidas nadando: eram da cor preta, estavam movendo-se de forma lenta e incomum, cada uma tinha quatro barbatanas muito especiais e uma delas tinha um dente longo e afiado. Um dos seres o viu e começou a se aproximar dele. Ariel considerou que a lentidão da criatura não representava maior ameaça, mas, de repente, o grande dente saiu em disparada na direção dele, passando próximo e enterrando logo em um atum que passava bem atrás. Os outros três seres estranhos também se voltaram na direção dele.

Ariel sentiu que o medo novamente invadia seu corpo e começou a enviar ondas de pedido de ajuda, sem receber qualquer resposta, quando outro desses dentes afiados alongados passou por ele, desta vez roçando-o. O golfinho entendeu que os seres eram hostis e, com medo, decidiu fugir de lá também.

Momentos depois, viu uma onda com a assinatura clara de Tom. Sim, era ele e a certeza de que seu amigo estava perto deu coragem para ele nadar em sua direção. Contudo, as ondas que Tom emitia eram de alerta e medo, parecia estar em apuros. Ariel virou o olhar em direção aos seus perseguidores e ficou aliviado ao ver que tinham ficado muito distante. Seguiu em direção ao sinal de Tom, e mais tarde, começou a identificar a silhueta. Tom estava muito perto da superfície, mas de uma forma muito especial.

Ariel não entendia por que os sinais que conseguia decodificar de Tom não eram de boas-vindas, mas sim de alerta e angústia, nem por que Tom tampouco se aproximava dele, a fim de reduzir a distância que os separava do reencontro. De repente, já muito perto de seu amigo, Ariel bateu em alguma coisa e ao se recuperar de seu choque, percebeu alguns fios finos que se interpunham entre ele e seu amigo. Foi quando percebeu o verdadeiro significado das mensagens que havia recebido: Tom estava preso em uma rede de pesca.

– Socorro, Ariel – gritou Tom desesperado. – Não quero morrer, tenho muito a fazer ainda, tenho muito para viver. Me ajude!

Ariel se lembrou de que o pai de Tom havia morrido em uma situação semelhante, e agora a história parecia querer repetir-se. Felizmente, a armadilha não estava tensa, permitindo que Tom respirasse, mas a sua barbatana dorsal ficou presa no entrelaçado de fios. Ariel tentou ajudá-lo, mas quanto mais tentava libertar seu amigo, mais emaranhado ele ficava. Então, a rede começou a se mover, puxada por um navio do qual vinha aquele mesmo ruído que Ariel tinha percebido pouco antes de se encontrar com as quatro criaturas que o atacaram há muito pouco tempo.

Ariel se sentia incapaz de ajudar seu amigo preso, quando a voz veio novamente:

"De nada serve seu talento, se não o coloca a serviço dos outros. Seja original. Pense. Use seu poder de ver o que você não está vendo, Ariel."

O que a voz tinha dito fez surgir uma ideia em sua mente. Com uma de suas nadadeiras laterais podia pressionar um dos fios que mantinham seu amigo preso, enquanto, com outras nadadeiras, faria força e impulso para puxar a rede, para que Tom pudesse sair. Ariel explicou ao Tom o que faria. A primeira tentativa não deu certo porque, embora o navio tivesse deixado de puxar a rede, ela ainda se movia devido às correntes. Ariel tentou várias vezes, até que Tom fosse capaz de se desvencilhar da armadilha e pudesse nadar com um pouco mais de liberdade. Mas ainda permanecia dentro da rede, que, de repente, começou a ser puxada de novo pelo navio. Agora, a ansiedade e o medo tomaram conta dos dois.

– Salta, Tom – gritou Ariel, angustiado – Salta!

– Não consigo – Tom respondeu com voz trêmula.

Fernando Sánchez Arias

Paradoxalmente, os golfinhos de nariz de garrafa, com uma incrível capacidade de saltar e girar, parecem incapazes de usá-la para superar obstáculos como, por exemplo, as redes que todos os anos matam muitos de seus pares. Ariel tentou ajudar Tom quando surgiu uma nova ameaça: duas das quatro criaturas pretas, que antes o tinham atacado, aproximavam-se.

– O que são essas criaturas? – Ariel perguntou, enquanto tentava com esforço ajudar seu amigo a sair da rede mortal.

– Os seres humanos e estes são dos mais perigosos! Vestem roupas de mergulhadores... E trazem arpões! – Tom respondeu.

– Agora eu estou perdido, Ariel. Que devo fazer? Não quero morrer!

"Os seres humanos!", pensou Ariel. Ele tinha ouvido falar deles, mas nunca os tinha visto. Assim eram aqueles seres humanos que o haviam atacado, disse ele, lembrando-se da agressão sofrida pouco minutos atrás. Agora, dois deles se aproximavam de novo, armados e ansiosos para capturar não apenas um, mas dois golfinhos.

Ele pensou em fugir, seus instintos de sobrevivência o estimulavam a se afastar dali o mais rapidamente possível. Estava com medo, o mesmo que sentiu quando foi perseguido por um tubarão e, em seguida, quando os mergulhadores tentaram prendê-lo. O medo que o fez correr e fugir em duas ocasiões seguidas, mas que lhe permitiu sobreviver.

"Jamais deixe o medo lhe roubar seus sonhos." As palavras que ele tinha dedicado a Oli ecoaram em sua alma. Ariel compreendeu que, fugindo, ele sobreviveria de novo, mas também abandonar o Tom agora seria condená-lo à morte segura e Ariel nunca poderia escapar dessa lembrança. Então, ele disse para si mesmo que não podia passar a vida inteira fugindo, que o medo não podia ser a única coisa que determinaria suas ações. Lembrou-se de que eram parte de sua essência e identidade familiar: a honra, o valor das promessas, a reputação e o poder da amizade, que o haviam unido a Tom para sempre. A promessa de cuidar um do outro veio à cabeça, agarrando-se às palavras ditas há tanto tempo. Ele decidiu tentar algo mais, qualquer outra coisa antes de abandonar seu amigo.

A decisão não fez com que o medo desaparecesse completamente de Ariel, mas ele já não estava paralisado. Então, novamente caindo em si, não mais como presa do medo, mas sentindo que podia agir sobre ele, Ariel viu uma possibilidade inusitada. Então, calculou bem, encheu os pulmões de ar, pegou impulso, deu um salto grande na superfície da água e caiu na rede em que ficou preso seu amigo, bem ao lado dele. Imediatamente ele disse a Tom:

– Bem, você já viu, se você pode saltar dentro da rede, também pode saltar para fora, e se eu consegui fazer, você também consegue. Venha, vamos pular!

– Não consigo – disse Tom, que estava exausto pelo esforço feito para se desvencilhar do nó no qual ele tinha ficado preso. Ele parecia resignado a morrer.

– Claro que você consegue – garantiu Ariel, inquieto porque os mergulhadores estavam mais próximos com seus arpões e porque o navio continuava puxando a rede. – Você já demonstrou sua capacidade em outras áreas. Você é o melhor comunicador que eu conheço, Tom, você sabe mais línguas do que eu posso mencionar, também ainda tem algo a ser feito e que eu precisava descobrir: você tem um sonho. Se você quer realizá-lo, então tem que pular; faça o que eu estou fazendo e conecte-se comigo como você sabe. Cabeça, coração, corpo e conexão, Tom! Sintonize-se com meus pensamentos, meus sentimentos e imite o que estou fazendo com meu corpo.

As palavras e a tão arriscada decisão que seu companheiro tinha tomado ao saltar dentro da rede inspiraram Tom a seguir as instruções de Ariel, que sabia que não tinha muito tempo e devia ser muito claro nas instruções que dava a seu amigo, a fim de garantir uma maior chance de sucesso. Em seguida, ele se colocou ao lado de Tom e, depois de dar as instruções finais, disse que tentariam juntos, vencendo a velocidade contrária que o navio desenvolvia e ganhando força os dois saltaram a fronteira que os separava da liberdade.

Mas, os dois mergulhadores estavam próximos e os outros dois tinham embarcado em um barco para persegui-los novamente. Então, Tom sugeriu fazer uso da magia da apneia e, com todo fôlego, os dois golfinhos penetraram na profundidade das águas, submergindo dezenas de metros até ficarem a salvo.

Fernando Sánchez Arias

Aprendendo a Ser Golfinho em um Mar de Tubarões

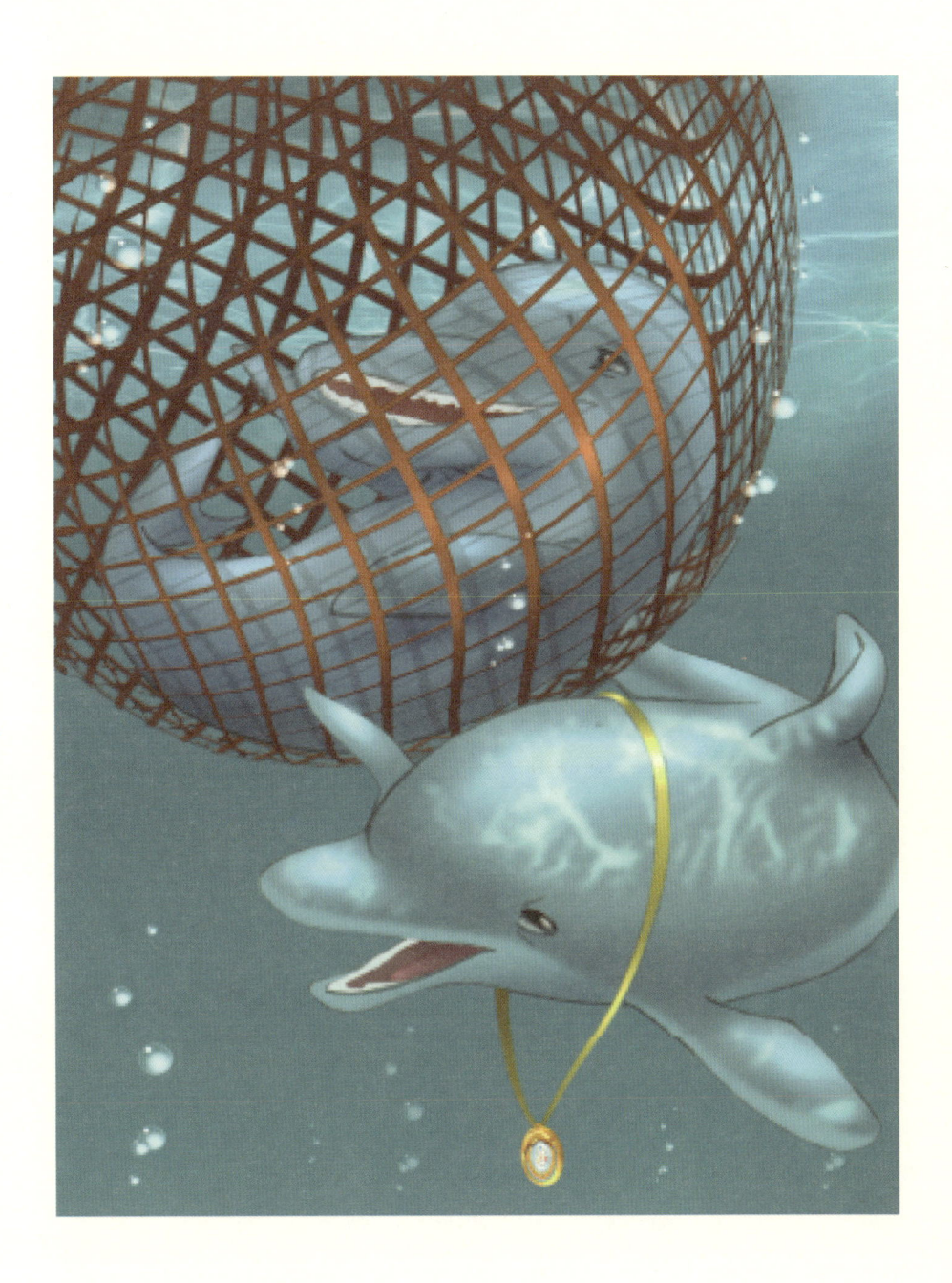

VIII

Já afastados do perigo, Ariel fez perguntas a Tom sobre os seres humanos.

- Quem nos perseguiam eram os pescadores mercenários – respondeu Tom. – Eu sei porque aprendi alguma coisa de sua língua na escola de comunicação. São muito perigosos, alguns matam por prazer, para colecionar troféus e aumentar seu ego ou seu bolso. Mas nem todos são assim. Existem alguns honestos e éticos que apenas pescam para levar comida e sustento para suas famílias, como fazemos em grupo.

- Eles tentaram me matar com seus arpões, mas isso não foi o único perigo que enfrentei – Ariel disse e, em seguida, narrou os encontros que teve com o tubarão e os mergulhadores.

Os golfinhos começaram a sentir necessidade de subir para tomar ar, mas, sabendo que o perigo ainda podia aguardá-los na superfície, lançaram mão da técnica que um golfinho professor do grupo tinha ensinado a eles aos cinco anos de idade. Consistia em "desligar" todos os órgãos, exceto o coração e os pulmões para que o consumo de oxigênio fosse o mínimo possível. Assim fizeram e ficaram no fundo, em uma espécie de meditação e levitação, mas não no ar e sim, na água, suspensos... Sentiam como se de seus umbigos saísse um feixe de luz que estava conectado com algo maior do que eles mesmos.

Quando já não conseguiram mais segurar a respiração, saíram disparados até em cima e, ao chegar à superfície, viram um lindo céu e um mar sem seres humanos nem outras ameaças. Tudo estava calmo, os raios do Sol acariciavam as águas, enquanto o céu azul se misturava com a cor turquesa, índigo marinho e o branco das pequenas ondas, que o encontro das correntes produzia. Ariel, então, falou:

- Tom, por favor, me perdoe – disse envergonhado – não deveria ter ido tão rápido e deixado você para trás. Tudo isto é minha culpa.

- Não se preocupe, Ariel – continuou Tom – já estamos de volta juntos e a salvo. Além disso, acho que é responsabilidade dos dois, talvez naquele momento eu também tivesse de nadar mais rapidamente ou pedir para você reduzir a velocidade. Nosso sucesso depende da nossa união, não em que medida somos rápidos ou bons individualmente. Os dois são responsáveis.

Ariel pensou profundamente nas palavras do seu amigo e não acrescentou nada. Tom continuou:

— Além disso, eu devo minha vida a você. Sinto uma grande admiração pela constância e pela perseverança com as quais você lutou para se desvencilhar da rede, pela coragem e criatividade que você mostrou ao saltar dentro da rede para me resgatar.

— Graças a você – interrompeu Ariel – a solidão da noite me mostrou a importância de contar com minha família, com Oli, com você e com meus outros amigos. Mas, há algo pelo qual estou ainda grato a você: você me ajudou a descobrir meu sonho, definir a minha visão e esclarecer minha missão na vida.

— Qual é? – Tom perguntou, intrigado.

— Você vai ver, antes de saltar dentro da rede eu estava com muito medo, mas apoiado pela antiga promessa que fizemos de cuidar um do outro, eu consegui me superar; então, eu me senti como se meu medo fosse substituído por uma energia vibrante que me dava segurança. Essa foi a chave para conseguir saltar dentro da rede e, depois, fora dela.

— Mas, não foi qualquer salto, Ariel. Eu não teria podido dar o salto sozinho. Se você não tivesse me dito como fazer, se suas instruções não tivessem sido tão claras e precisas, talvez não tivéssemos esta conversa agora. Sua liberdade de expressar o que você sentia, controlando suas emoções e ações, me permitiu dar o salto. Foi um esforço de equipe, você me ajudou a perder o medo e isso nos permitiu agir em harmonia para alcançar um resultado melhor.

— Mas, agora, eu digo para você que já sei qual é o meu sonho, Tom: eu quero ser professor de salto. Um facilitador extraordinário de aprendizagem.

— Grande! – Tom exclamou com entusiasmo e, depois, perguntou – E sua missão?

Fernando Sánchez Arias

– Mostrar com meu exemplo, a outros golfinhos, que a capacidade de salto não é só para apreciar, brincar e celebrar, mas também pode ajudar a salvar nossas vidas e a dos outros. Vamos! Vamos nadar até um local seguro, descansar um pouco mais e, depois, continuar nossa Grande Viagem.

Enquanto descansavam, Tom notou o medalhão pendurado no pescoço de Ariel e percebeu que em seu centro quatro símbolos brilhavam: um cérebro, um coração, um corpo e uma espiral, que conectavam, com uma espécie de fio, três palavras: Aprendizagem, Comunicação e Foco.

– Reparou seu medalhão? – Tom perguntou com espanto.

– Não. O que tem?

– É possível ver quatro símbolos e ler três palavras.

Tom repetiu em voz alta as inscrições, enquanto Ariel se lembrava da mensagem que ele recebeu de seus pais antes de sair para sua Grande Viagem. Em seguida, a voz surgiu novamente, mas, ao contrário das ocasiões anteriores, desta vez Ariel sentiu como fosse a sua, como se viesse do seu coração; ele a aceitou e deu-lhe boas-vindas, como nunca até agora tinha feito:

"A magia da vida depende de como aprendemos, de como comunicamos o que aprendemos e de como concentramos nossa energia para mostrar o que sabemos."

A voz desapareceu, deixando grande serenidade em Ariel. Agora, tinha clareza sobre o que queria, tinha uma visão da vida que lhe deu uma profunda confiança em si mesmo. Essa visão, juntamente com um sincero desejo de alcançá-la, gerava uma paixão vibrante e um senso de ética que norteava seu comportamento. Em seu entusiasmo e com sua visão em mente, Ariel sentia seu nado, seus saltos, suas mensagens de comunicação e até mesmo seus movimentos de caça de modo diferente, mais fluidos e cada vez mais perfeitos.

Mas a lembrança dos acontecimentos recentemente vivenciados não tinha sido apagada. Naquela noite, Ariel sonhou com um tubarão que estava prestes a acabar com sua vida. O tubarão conversava com outros de sua espécie, a gargalhadas, enquanto se vangloriava do número de vítimas que tinha feito e dos golfinhos que havia engolido.

No sonho, Ariel foi capaz de observá-los, mas eles não o viam. Podia escutá-los e até senti-los, perceber suas emoções, ler seus pensamentos, antecipar seus movimentos corporais. De forma estranha, era como estar dentro deles sem ser notado. De repente, tudo ficou apertado, como se as paredes se fechassem em torno dele até formar um túnel através do qual era possível ver lá fora, mas que os prendia e imobilizava, afogando todos, inclusive ele.

Quase sufocado, Ariel despertou do pesadelo e viu Tom com grande alívio, que veio buscá-lo para ir atrás de um cardume de sardinhas que tinha descoberto muito perto dali. Depois do café da manhã, Ariel parou de pensar no sonho e os dois golfinhos seguiram seu rumo. Uma semana depois, nadando na superfície da água, eles avistaram um grande navio branco que, cheio de humanos sorridentes e alegres, passou em alta velocidade. Ariel estava muito ansioso, mas Tom o acalmou.

— Eles são diferentes, Ariel, eles gostam de brincar com a gente. Juan, meu professor, contava nas aulas que tinha tido a chance de nadar com seres humanos e que a conexão era maravilhosa. Assim como existem alguns golfinhos em nossos grupos que são um pouco agressivos e precisam de sessões de reeducação e adaptação, também há seres humanos que se comportam de forma pouco sociável, porque, da mesma forma, a gente tem liberdade de ação ou livre-arbítrio. Mas nem todos são assim.

— Então, há seres humanos diferentes? – perguntou Ariel, intrigado.

— Claro, Ariel. Eu sei que você se lembra daqueles golfinhos que eram invejosos, traiçoeiros, egoístas, desonestos e foram ajudados por outros golfinhos que eram solidários, colaboradores e íntegros. Portanto, há seres humanos também.

— Como são, Tom?

— Em alguns casos, são muito estranhos, trabalham, trabalham e trabalham sem investir tempo em suas famílias nem neles mesmos, relegando o mais importante; outros, no entanto, têm suas prioridades mais claras. Suas decisões sempre marcam o futuro, constroem seu destino a partir da ação. Alguns fazem muito bem e são equilibrados, pois cuidam da sua esfera pessoal, familiar, acadêmica, profissional e comunidade, outros são desequilibrados, destroem suas vidas e, paradoxalmente, as das pessoas que amam – Tom explicou, convidando Ariel com esta frase: vamos, vamos nadar ao seu lado!

A imagem de dois golfinhos saltando e nadando a grande velocidade junto ao navio, o azul celeste do céu claro, o azul da água e as milhares de cores das roupas, dos chapéus e dos xales dos humanos saudando Tom e Ariel eram um carnaval de alegria. Então, os golfinhos se despediram do navio e dos humanos, e continuaram nadando, pois a Grande Viagem continuava.

IX

Dias depois, perto de uma ilha pequena e bela, perceberam algo nadando nas proximidades. Pensaram que poderia ser algo perigoso, mas seus sonares não detectaram nenhuma ameaça proveniente de qualquer ser, pelo contrário, receberam sinais de simpatia e harmonia. Surpreendidos, chegaram mais perto e, então, viram um réptil magnífico de barbatanas enormes e poderosas: uma tartaruga marinha que vinha na direção deles, embora mais lentamente agora.

Os golfinhos inicialmente pensaram em fugir, mas se lembraram de suas aulas, quando aprenderam que as tartarugas marinhas eram sábias e altamente produtivas, que possuem uma grande capacidade de viver e de se reproduzir durante décadas. Mantiveram a calma e perceberam que as mensagens dessa visitante eram definitivamente amistosas. Depois de confirmar novamente os sinais recebidos, se atreveram a se aproximar.

– Oi, eu sou a Mari – disse a tartaruga. De onde vêm e para onde vão?

– Viemos da borda do Lago de Maracaibo, na Venezuela, bem no Mar do Caribe, e vamos até o Golfo do México – respondeu Tom. – E você? Você parece estar muito longe de onde vive.

– Sim, venho do Norte do Atlântico, viajo muito porque a nossa espécie é caracterizada por fazer viagens de longas distâncias, somos grandes nadadoras, cruzamos bacias oceânicas e águas territoriais de diferentes países; realmente aprecio estes passeios, eu gosto de encontrar e conhecer seres de todas as partes. Agora, nossos caminhos se cruzam e, talvez, valha a pena continuar a viagem juntos.

– Você também vai para o Golfo do México? – perguntou Ariel.

– Não exatamente, mas eu digo que vamos na mesma direção, pois você leva algo especial: um medalhão de excelência – respondeu a tartaruga.

Os golfinhos ficaram curiosos e, em seguida, conversando com eles, Mari acrescentou:

– Proponho o seguinte: Deixe-me ir com vocês em uma parte de sua jornada, e talvez todos nós possamos aprender algo novo.

Os golfinhos aceitaram a proposta de Mari e por um período de cerca de um mês nadaram juntos. Tom e Ariel estavam muito satisfeitos com sua nova companhia, que acabou sendo uma companheira extraordinária de viagem, mas o que mais agradava e surpreendia os dois era a capacidade de Mari de fazer perguntas que os levavam a pensar e refletir sobre seus passado, presente e futuro.

Ariel e Tom se sentiam seguros e confiantes com ela e, à medida que os dias passavam, as perguntas da tartaruga ficavam mais profundas e relevantes:

– Quem você é realmente?
– Você sabe qual é seu propósito de vida?
– Quais são os seus valores?

– Minhas perguntas não buscam respostas, amigos, elas só buscam convidá-los à reflexão profunda e muito pessoal – disse Mari, após comentar a importância de ter claros elementos de identificação pessoal.

Às vezes, conversavam sobre as mudanças que observavam, tanto no que os rodeava quanto neles mesmos, e elas traziam novas perguntas que os golfinhos agradeciam:

– Como você reage diante do novo, diante das mudanças?
– Você se arrisca abraçando-as ou resiste?
– Quais consequências positivas tiveram as mudanças que você fez na sua vida?
– Quais mudanças ainda não implementadas poderiam gerar consequências semelhantes?

Em outras ocasiões, a tartaruga falava da importância de ter uma visão clara da vida e voltou a propor perguntas desafiadoras e emocionantes:

– Confirmou sua visão de vida?
– O que deseja para você e para sua família no futuro?

– O projeto da sua vida atual permitirá que você consiga a vida futura que deseja?

E quando os golfinhos interrogavam sobre o que fazer para que suas respectivas visões não ficassem em meros desejos e os transformassem em realidade, Mari perguntava a cada um, alternando:

– Em que medida você está focado na sua visão?
– Suas prioridades de ação estão de acordo com suas visão e missão?
– Que ação realizada ao longo do tempo permitirá que você chegue mais rapidamente a essa visão?
– Quais oportunidades você pode aproveitar?

Os dias e as conversas continuaram e como os golfinhos sabiam que a hora de dizer adeus à tartaruga estava se aproximando, aproveitavam para tentar aprender tudo o que podiam. Por fim, chegou o dia da partida de Mari, que teve uma conversa com cada um deles a sós, na qual ela agradeceu pela amizade e insistiu sutilmente sobre a importância de lembrar e revisar frequentemente as perguntas que ela havia presenteado. Em sua última conversa com Mari, Tom contou o episódio quando ficou preso na rede e como Ariel ajudou-o a escapar.

– Acho que Ariel e você – Mari indicou – são um sinal de que mesmo os desesperados, aqueles que não acreditam que podem, são capazes de atingir seus desejos e superar obstáculos formidáveis. Ariel, como você, é um jovem comum e típico, de uma família comum e típica, de um grupo comum e típico, mas fixo nas barreiras mentais e físicas que você superou. Ele, com seus pontos fracos e fortes, é um exemplo e você também. **Não é de onde viemos que marca nosso destino, são nossas ações que determinam.**

Enquanto Tom e Mari conversavam, Ariel pensava nas perguntas que a tartaruga marinha tinha feito durante esses dias. Sozinho, respondia e fazia outras perguntas. Lembrou-se de como formulou suas visão e missão depois de ter resgatado Tom, como as três principais habilidades de *Aprendizagem, Comunicação e Foco* nortearam suas ações e como ele teve que aceitar que precisava mudar para conseguir coisas melhores. Ele estava agradecido pela bênção de ter a família que tinha e de contar com amigos como Tom e outros, tais como Pedro, Tony e Gianba. Agradeceu poder estimar uma companheira como Oli, com a qual se projetava no futuro constituindo uma família, e as oportunidades de aprender e crescer intelectual, emocional, física e espiritualmente que a vida tinha oferecido a ele. Sentiu a necessidade e o desejo de orar, e então ofereceu uma oração de agradecimento.

Já de volta, Mari e Tom o encontraram com os olhos fechados em meditação. Ariel sentiu a presença de seus amigos, abriu os olhos e sorriu para eles.

- Obrigado, Mari! – exclamou Ariel – Suas perguntas abriram horizontes para mim, sinto que meu potencial pode ser desenvolvido.

- Muito bem, Ariel – respondeu a tartaruga – mas eu ainda tenho que mostrar uma coisa. Olhe para seu medalhão.

Perplexos, Ariel e Tom viram que o medalhão começou a brilhar com as cinco letras que formavam o nome de ARIEL, para formar o seguinte acróstico:

Atrevido

Rentável

Inovador

Essencial

Livre

- Assim é você, Ariel – ressaltou Mari – desde que você nasceu. Só tinha de reconhecer seus dons e talentos, usá-los e colocá-los em prática. Só tenho que dizer outra coisa: de nada serve ser excelente, se não divide com os outros. O que você fez com Tom encerra a primeira parte da sua aprendizagem nesta Grande Viagem. Olhe novamente para seu medalhão.

- Oh! – disse Ariel. – Outra palavra ... **Harmonia!**

- Sim, a capacidade de coordenar o trabalho em conjunto com seres diferentes e obter o que precisam, querem e merecem de modo mais eficaz e rentável. Cumpri meu trabalho e já posso ir embora tranquila. Vocês estão a um passo de seu objetivo nesta Grande Viagem. – Adiante – disse terminando a tartaruga, antes de se despedir.

Tom e Ariel se despediram dela e depois de ver sua amiga tomar um rumo diferente do deles e afastar-se, continuaram a travessia.

Aprendendo a Ser Golfinho em um Mar de Tubarões

X

Poucos dias depois de terem se separado de Mari, os golfinhos avistaram a bela baía que marcava o ponto de chegada da primeira metade da sua Grande Viagem. A paisagem era paradisíaca: águas cristalinas, mornas e tranquilas, uma areia fina, limpa e brilhante, palmeiras e coqueiros, falésias impressionantes ao fundo, na orla da praia humanos brincando com tartarugas e golfinhos. Havia serenidade e harmonia.

Ao entrar na baía, Tom sentiu algo especial e seu sonar detectou alguns sinais intensos e atraentes, nadou rapidamente até a orla e ficou impressionado com Alic, um golfinho fêmea bonito e inteligente que brincava com alguns seres humanos. Tom estava confuso, perturbado por esses sentimentos, hesitava em se aproximar. Quando Alic o percebeu, se moveu e nadou para trás e com graça, convidou-o a se aproximar, minutos depois os dois conversavam de forma animada.

Ariel, observando a cena, decidiu deixar seu amigo a sós com Alic e resolveu passear pela baía. O lugar era verdadeiramente lindo, mas o que mais lhe interessava eram as pessoas que estavam brincando na praia. No entanto, preferiu ficar longe delas, apesar de ver que Alic e os outros golfinhos de seu grupo não tinham problemas em se aproximar.

As semanas passaram e Ariel e Tom ainda estavam fazendo novas descobertas na baía, embora Tom estivesse agora mais interessado em acompanhar Alic que qualquer outra coisa. Enquanto isso, Ariel destinava a primeira parte das manhãs a pensar nas perguntas que a tartaruga Mari tinha feito e, depois, ia um pouco mais para o mar para testar e desenvolver novas modalidades de formas de saltos. Às vezes, alguns golfinhos do grupo de Alic o acompanhavam. Ariel tinha se destacado pelas poses e acrobacias surpreendentes e chamativas que era capaz de fazer, mas os golfinhos da baía também faziam piruetas e saltos espetaculares, e logo se desenvolveu entre eles uma aliança que permitiu uma série de negociações para a troca de técnicas e ideias.

Durante suas sessões de prática, Ariel dava muita atenção às indicações que seus novos amigos passavam e, então, treinava com perseverança, mas também dedicava parte de seu tempo a compartilhar com os golfinhos mais jovens os segredos para executar algumas piruetas que melhor sabia. Uma manhã, Tom, Alic e um golfinho professor dela o acompanhavam. Todos observam Ariel incorporar de forma aplicada os truques e os segredos que revelavam seus amigos e logo mostrar, em sua vez, que ele também sabia fazer. Ao final da sessão, enquanto Ariel conversava com Tom, Alic e o professor, ouviram Ale, um dos golfinhos mais jovens do grupo, que tinha estado com Ariel, dizer a outro dos companheiros da sua mesma idade:

– Você viu quantas coisas novas aprendemos em poucos dias?

– Sim – respondeu o outro.

– Esse golfinho sabe saltar muito bem, mas é melhor ainda explicando como se faz para conseguir – acrescentou Ale – eu gostaria que você pudesse dar aulas todos os dias.

Tom sorriu e disse a seu amigo:

– Parece que você investiu bem seu tempo na baía, Ariel, você está no caminho correto para concretizar sua visão.

O golfinho professor de Alic elogiou, então, a paciência e a entrega que Ariel mostrava quando ensinava aos mais jovens as técnicas necessárias para dar saltos coloridos, mas, sobretudo, a capacidade de aprender e assimilar novos conhecimentos com disciplina e ao mesmo tempo alegria.

– Ariel, você é muito competente e tem muita paixão – disse o golfinho professor. – Mas, há uma coisa que percebi; posso falar para você em particular?

– Claro, professor – disse Ariel, e nadaram juntos mar adentro. – Para você, o que é uma conquista?

– É atingir um objetivo, é superar fronteiras, chegar mais longe, vencer limites.

– Correto! O que você precisa para tornar suas conquistas mais eficazes e rentáveis, ao mesmo tempo tendo maior significado intelectual, emocional, corporal e espiritual?

– Agir. Sei que, como disse certa vez Takumi, um sábio golfinho: **"a intenção sem ação não cria transformação"**.

— Mensagem valiosa, e eu gostaria de unir o planejamento e a organização. As melhores conquistas são aquelas que resultam da análise de risco, do planejamento de recursos, da escolha das atividades, do monitoramento da execução, da avaliação e da melhoria. Desde que você chegou, você se uniu aos outros, negociou e começou a mudar interna e externamente. Suas conquistas começam a ser vistas em sua energia, em seu "entusiasmo". Sabe o que significa esta palavra?

— Não, professor.

— "Entusiasmo" vem de uma língua antiga cuja raiz "en thus" significa "em Deus", aqui traduzimos como "ter Deus dentro de si". Pessoas entusiasmadas são abençoadas, sem importar sua fé, crença ou religião.

Ariel agradeceu o comentário e, em seguida, o golfinho professor indicou que seu medalhão voltava a brilhar, desta vez destacando as palavras: **Alianças, Mudanças e Conquistas.**

XI

Ariel também conheceu um grupo de arraias alegres e brincalhonas que tinha se aproximado, interessado porque elas também gostavam de saltar, mas em vez de ser na vertical, como preferia Ariel, saltavam para a frente e competiam entre si, vendo quem poderia cobrir uma distância maior em um salto. As arraias eram muito animadas e, como viviam na baía, conseguiram passar um tempo com Ariel e eles se divertiam bastante juntos.

Ele também fez amizade com Carlo, um polvo que morava há muitos anos nas águas profundas que protegiam a baía. A princípio, Carlo, que não era muito cordial ao iniciar suas relações, mostrou-se um pouco distante e reservado. Ariel percebeu, mais tarde, que Carlo era apenas um pouco tímido e tinha um coração grande e nobre.

– Ei, Carlo, por que você tem tantos braços? Eu só tenho duas barbatanas laterais. O que você faz com tantos braços? – indagou Ariel.

– Já nasci assim, Ariel. Assim são todos os polvos. Mas, apesar de aparentemente iguais, todos têm sua própria personalidade. Eu acho que é neste ponto que está o valor da diversidade: poder entender que sendo diferentes, podemos trabalhar e nos divertir juntos. Ao nascermos, nos sentimos muito aflitos por termos tantos tentáculos – a palavra que usamos para chamar os braços. Mas, pouco a pouco, vamos aprendendo a usá-los com agilidade e flexibilidade, adaptando-nos a condições inconstantes e desafiadoras, honrando o dom que nos foi dado ao nascer.

– Alguma vez você sentiu que não é estável, que não é adequado, que não honra seus dons, e que diz uma coisa e faz outra?

– Sim, Ariel, mas o mais importante é que mudei, decidi e modifiquei meu comportamento para estar satisfeito comigo mesmo, pois quem não é íntegro nem possui boa reputação não pode ser modelo nem mentor para os outros.

– É como usar o que você tem para conseguir o que você deseja sem arriscar sua imagem, sem comprometer o equilíbrio que deve existir entre a paixão, a ação e a reputação.

Fernando Sánchez Arias

– Sim, Ariel, é assim.

– Obrigado, Carlo! Obrigado por compartilhar sua sabedoria.

Ariel visitava Carlo durante algumas manhãs, conversava sobre valores, objetivos, comportamentos e sonhos, e ele foi gradualmente se tornando seu amigo e mentor.

De tarde, Ariel voltava à praia para assistir aos seres humanos. Ele começou a desenvolver a capacidade de perceber os sinais de cada uma das pessoas que estavam lá, como se fossem uma única entidade a ele ligada, como se todas as pessoas e Ariel fossem uma só. Numa tarde, ele estava praticando essa ligação quando uma sensação estranha o incomodou, tinha algo errado, que quebrava a harmonia. Ele se deixou guiar por sua intuição e, então, chegou perto de onde estava uma criança e, ao contrário dos outros, este pequeno não tinha cabelo, parecia fraco e doente, e para complicar o som de Ariel indicava que algo dentro do menino não funcionava bem.

Ariel se aproximou ainda mais, nunca esteve tão perto de um ser humano por escolha própria, e, em seguida, o menino o viu. Os humanos maiores que estavam com ele também avistaram Ariel, e inquietos trataram instintivamente de proteger o pequeno, mas este, emocionado, vibrava e saltava com vida, queria tocar o golfinho e nadar com ele. Ariel, então, enviou uma chave sonora ao menino e aos seus pais, e apesar de não saber sua língua, ele sentiu, para sua surpresa, que os seres humanos o compreenderam. Segundos depois, o menino estava montado sobre as costas de Ariel e os dois nadaram e passearam juntos por cerca de meia hora.

Durante duas semanas, Ariel retornou todos os dias à praia para seu encontro com o pequeno e enquanto nadava com ele pensava intensamente em Oli e mandava mensagens de amor à distância, esse "poder essencial" sobre o qual os professores falavam. Uma tarde, soube que o menino e sua família se despediam, então Ariel verificou com seu sonar e notou que os bloqueios que tinha identificado no interior do menino começaram a desaparecer e que seu cabelo começava a crescer pouco a pouco. Ariel se deu conta da importância que era ajudar os outros que precisavam de apoio, não se gabar, ajudando os mais necessitados a encontrar a paz. Enquanto experimentava as emoções de agradecimento dos pais do menino, Ariel pensou mais uma vez em Oli.

Já estava há sete semanas na baía e Ariel sentiu que era hora de se preparar para iniciar a partida, mas quando ele quis falar com Tom e dizer que a hora de retomar se aproximava, a resposta do seu amigo o surpreendeu:

— Eu não vou voltar, Ariel. Pelo menos, não agora. Eu decidi ficar aqui e em companhia de Alic, traçar o destino que anseio.

Ariel estava chateado. Era incrível que seu amigo, com quem tinha feito a primeira parte de sua Grande Viagem e vivido tantas aventuras, não quisesse fazer agora o regresso com ele. Isso não podia ser. Ariel tentou convencer Tom que estava errado e que muitas outras coisas o esperavam ao retornar com o grupo que os havia abrigado por tanto tempo, mas nada parecia mudar a opinião de Tom. Por fim, Ariel se afastou muito zangado.

Havia dois dias que Ariel estava ruminando sua raiva, quando as arraias, com as quais praticava saltos, chegaram até ele.

— Por onde você tem andado? – reclamaram. – Ficamos esperando para nos divertirmos juntos, mas como não aparecia fomos atrás de você.

Ariel contou para elas o que aconteceu com Tom e o quanto incomodava o fato de que seu amigo não retornaria com ele na segunda parte da viagem que tinham iniciado juntos. As arraias se afastaram um pouco, cochicharam algo em grupo e depois voltaram para falar com o golfinho.

— Ariel – disse uma delas em tom de exigência – com base no que você nos disse, decidimos que a partir de agora você não pode saltar com a gente, a menos que faça como nós, exatamente como indicamos, para que seja como nós.

— E além disso – acrescentou outra arraia – você terá que comer apenas o que comemos: o plâncton delicioso e nutritivo nos mares e alguns outros crustáceos bebês perdidos por aí – terminando com uma pitada de sarcasmo.

— Mas isso é muito bobo – disse Ariel com um gesto de repulsa e surpreso com a declaração repentina das arraias — não sou e nem quero ser como vocês, quero comer peixes e lulas e saltar como eu gosto.

— No entanto, sabemos também saltar, mas agrada a você saltar para cima, enquanto nós preferimos para a frente. Não é assim?

— Porque vocês são diferentes de mim! – Ariel também respondeu – Essa é a forma como vocês gostam de saltar e eu respeito.

– Bem, se você respeita que somos diferentes e algumas coisas que fazemos do nosso jeito, então por que não respeita as próprias decisões de Tom, que também é diferente de você, além de ser seu melhor amigo? – disseram as arraias em uníssono, sorrindo com dissimulação.

Ariel ficou sem palavras; aquelas arraias tinham razão. Ele deu um sorriso para elas e acenou agradecido.

– Tenho algo para fazer – disse ele e saiu à procura de Tom.

Ele o encontrou em companhia de Alic. A verdade é que os dois formavam uma bela dupla, parecia que Tom tinha encontrado um dos elementos-chave da sua visão. Mesmo assim, Ariel não estava muito conformado com a ideia de que seu companheiro de tantas aventuras permanecesse na baía, mas por mais doloroso que pudesse ser a separação, era momento não só de respeitar os desejos de seu amigo, mas também de celebrar sua felicidade.

Ariel se aproximou de Tom e disse:

– Decidi que amanhã partirei de volta para casa.

– Entendo, Ariel – respondeu Tom. – Peço desculpas por ter feito você ficar zangado, mas se você veio tentar novamente que eu vá com você, devo dizer que minha posição continua a ser a mesma. Esta é a minha casa agora, aqui terei meus filhos e aprenderei mais línguas.

– Eu sei e não vim convencer você do contrário, mas pedir desculpas e felicitá-lo – e olhando para Alic, acrescentou – eu acho que você tomou uma excelente decisão. Espero, porém, que você me acompanhe para se despedir dos outros amigos que eu deixo aqui e que também aceite um último convite para saltar.

– Claro! Embora não seja o último. Algum dia eu retornarei ao grupo para compartilhar tudo o que eu aprender e para que meus descendentes conheçam quem me ajudou a crescer.

No dia seguinte, Ariel se preparava para a partida quando viu chegar Alic e Tom.

– Viemos desejar uma boa viagem para você.

– Agradeço muito a vocês – disse Ariel, olhando com carinho para seus amigos.

– E nossa promessa de sempre nos cuidarmos? – perguntou, então, dirigindo-se a Tom.

- Permanece viva, embora possa ser a hora de cuidarmos dos outros – respondeu Tom, serenamente.
- Por favor, continue a depender da mamãe e fale para ela que eu estou feliz. Mas, eu vou sentir saudades de você, Ariel – Tom terminou com estalos tristes.
- **Não existe distância física entre seres espiritualmente conectados**, Tom. Nossa amizade vai além da distância. Onde quer que eu vá, você estará comigo.

Ariel deu, então, um grande abraço no Tom e uma chave sonora à Alic, que observou que em seu medalhão brilhou uma nova inscrição: *"Realização efetiva e ecológica"*. Ariel sorriu. Alic comentou que não é preciso apenas fazer as coisas, mas fazê-las com cuidado, realizando o que foi planejado, cumprindo metas, protegendo o ambiente e os seres que estão ao nosso redor. Ariel agradeceu a mensagem e disse:

- Meus amigos, é hora de partir. Mas, eu não vou negar para vocês que a ideia de retornar sem companhia e ter que me virar para caçar sozinho é pouco atraente para mim.
- Pois eu creio que você não vai viajar sozinho, Ariel – destacou Tom, sorrindo.
- A que você se refere? – começava Ariel a perguntar, quando de repente viu um grupo de arraias, com o qual havia feito amizade, aproximar-se fazendo bagunça, rindo e gritando seu nome.
- Ariel – disse uma delas rindo – se você achava que estava indo embora e nos deixando assim mesmo, você estava errado – disse a arraia, com um gesto cheio de dissimulação.
- O que vocês estão fazendo aqui? Nós não tínhamos nos despedido ontem à noite?
- A ideia foi de Alic, que nos conhece bem – disse outra arraia, entre risadas e comentários engraçados de suas companheiras – e sabe que há muito queríamos ver mais do mundo e experimentar, entre outras coisas, o plâncton de águas de novos mares.
- Portanto – continuou, tentando em vão um tom solene, que terminou em risadas – decidimos escolher o melhor saltador e guia que conhecemos para dar uma volta por aí.

– Uma volta? – disse Ariel, também sorridente – se eu me dirigir às costas do Mar do Caribe, na América do Sul e...

– Bom – interrompeu outra arraia – tampouco queremos chegar tão longe, mas pelo menos durante uma boa parte da rota você aproveitará da nossa ótima companhia – disse sorrindo e piscando um olho.

Assim, Ariel saiu com suas amigas alegres, com as quais o retorno foi feito de modo muito mais fácil e mais agradável. Na hora de comer, Ariel ajudava as arraias com sua velocidade a pegar o plâncton mais rapidamente, e elas o ajudavam a localizar peixes que serviam de alimento para ele.

Juntos, nadaram durante um mês e meio, até que as arraias se despediram também de Ariel, que continuou sua jornada sozinho. Quando se afastavam, uma delas gritou:

– Ei, Ariel, seu medalhão está brilhando novamente, é melhor arranjar uns óculos escuros como os seres humanos na praia, senão vai ficar deslumbrado – ouviu dizer o golfinho, entre as gargalhadas que estavam se afastando.

Ariel assistiu com prazer como brilhavam, além das Alianças, Mudanças e Conquistas, quatro outras palavras, que ao unir a primeira letra de cada uma delas formavam a palavra ACIONEM:

Alianças

Conquistas

Imagem

Outros

Necessidades

Execução

Mudanças

XII

Ariel continuou a volta e nadou sem cansar durante dias sem parar. Ficou espantado com sua própria vitalidade. Além da possibilidade de se reencontrar com seu entes, com o grupo e, sobretudo, com Oli, dava nova força e permitiu que ele aproveitasse ainda mais o calor das águas. Mais tarde, reconheceu que estava perto do local onde Tom ficou preso na rede e lembrou-se do episódio. Não havia qualquer barco de pesca à vista, mas algo indicava que deveria ficar atento e vigilante.

De repente, uma sensação de alerta invadiu seu corpo e ele soube que o perigo rondava por lá. Estava indo embora quando observou que do fundo da água se aproximava uma grande sombra e veloz, segundos depois a sombra se transformava em uma figura horrível, mas não desconhecida: mais uma vez estava sendo atacado por um grande tubarão branco.

Ariel evitou o ataque do predador e aproveitou para tentar escapar, mas o tubarão continuou atrás dele. Ariel girou duas vezes com habilidade e duas vezes mais o temível animal reiniciou a perseguição. Ariel sabia que estava em risco, mas agora o medo não o dominava e isso permitiu avaliar outras opções. Era evidente que não poderia enfrentar sozinho um adversário semelhante e suas novas habilidades de salto tampouco iam servir muito neste caso. Saltar não era a principal vantagem diante de tal inimigo e exigia um esforço adicional em uma situação em que sabia que teria que gerenciar sua energia com sabedoria para sair vivo.

Mas, a besta continuava atrás dele e, em um momento de dúvida sobre para onde se virar, Ariel sentiu uma dor aguda e um rasgão na carne da cauda. Os dentes afiadíssimos tinham conseguido causar uma primeira ferida. Um novo giro para baixo conseguiu despistar o tubarão por um momento, mas o golfinho sabia que, da mordida, embora pequena, agora jorrava sangue suficiente para formar uma rastro mais claro e um incentivo ainda maior para o carnívoro feroz. Em seguida, Ariel, observando no fundo diversas pedras e formações de corais, decidiu mudar de tática e seguir para lá, onde talvez os maiores penhascos pudessem ajudar a esconder ou fugir.

Ariel nadou rapidamente entre os corais e as rochas submarinas, mas as garras terríveis continuavam atrás dele e sua energia começava a diminuir devido ao esforço e à perda de sangue em sua cauda. Ele se concentrou para buscar uma alternativa diferente e voltou a ouvir aquela voz que repetia uma mensagem que já conhecia:

"Use seu poder para ver o que você não está vendo."

Em seguida, ele notou uma formação especial, uma espécie de pequena ponte sob a qual as correntes submarinas tinham escavado um túnel apertado entre as rochas e por onde, de acordo com seus cálculos, o predador não poderia passar. Aproveitando outro descuido do tubarão, passou por dentro em direção ao arco e conseguiu atravessá-lo; a fera, que continuava lhe perseguindo, também tentou atravessar o túnel, mas o espaço era muito apertado e ficou entalada devido ao seu grande tamanho.

Furioso, o tubarão se sacudiu tentando avançar, mas com isso só conseguiu ficar mais entalado, até ficar preso, de modo que seu nariz e cabeça saíam de uma extremidade do túnel pequeno e o rabo do outro, enquanto que a parte central de seu corpo, a de maior volume, permanecia no meio e mantinha-o preso, permitindo muito pouca mobilidade.

Ariel girou e observou o caçador aprisionado. Era a oportunidade que ele precisava para escapar e já estava prestes a ir embora, satisfeito com o resultado do movimento astuto que havia derrubado seu perseguidor, quando se lembrou de algo que seu avô Atil havia ensinado: os tubarões brancos não podem parar de se mover, caso contrário morrem afogados. Se o tubarão ficasse preso nas rochas, morreria inevitavelmente.

Ariel voltou e aproximou-se com cautela do tubarão que se movimentava de forma frenética para sair da armadilha, sem perceber que assim ficava cada vez mais preso. Após verificar que o peixe imenso e perigoso efetivamente não podia se libertar sozinho, disse:

– Você está preso.

– Não por muito tempo, golfinho – respondeu o tubarão com raiva e frustração nos olhos, continuando a se debater – e quando eu sair, você será meu jantar.

– Bem, eu não acho que você conseguirá sair sem ajuda – continuou o golfinho.

– Eu tenho força suficiente para me libertar sozinho – mas, no tubarão, já se notavam sinais de cansaço e desespero.

— Eu lhe ofereço algo, mas você tem que ouvir – Ariel sugeriu. A ferida em sua cauda começou a cicatrizar.

— Não preciso ouvir você, golfinho, o que eu preciso é escapar daqui e comê-lo.

— Se você não quiser me ouvir, irá se condenar à morte. Você sabe disso e eu também. Mas, nós dois poderíamos mudar isso, eu posso ajudar você.

O tubarão olhou para Ariel surpreso, sem dizer nada. Esse que você estava a ponto de devorar oferecia a você, agora, um apoio inestimável sem o qual seria condenado à morte. O golfinho projetava um ponto forte acima de seu tamanho real e o medalhão que levava pendurado parecia brilhar às vezes.

— Como você se chama? – Ariel continuou.

— Meu nome é Gorzo.

— Eu me chamo Ariel, Gorzo.

— Por que você me ataca?

— É a minha natureza – respondeu Gorzo.

— Não fiz nada para me agredir – Ariel continuou.

— Eu não preciso de uma razão. Sou mais forte e você mais fraco, isso me permite atacar você, assim estou satisfeito – ressaltou Gorzo, cujas tentativas inúteis de escapar continuavam cada vez com menos intensidade.

— **A arrogância é o primeiro passo para a ignorância**, tubarão. Não me subestime. A inteligência pode superar a força bruta e ao acreditar que você seja tão poderoso, você perde de vista algumas coisas. Você ficou preso exatamente por isso.

O tubarão por fim percebeu que não só tinha esperança de escapar mas que precisava da ajuda de alguém para isso. Ainda relutante, ele perguntou ao golfinho:

— E o que tenho de fazer para sair daqui?

— Vou ajudá-lo, mas primeiro eu tenho uma mensagem para você.

— Qual é a mensagem? – Gorzo perguntou.

- Qual você acha que seja, Gorzo? O que sente dentro de você? Qual é a sua intuição? Você acha que é necessário sempre agir com arrogância, desperdício, egoísmo e conformismo?

- Não – respondeu Gorzo um pouco afetado pelas perguntas – mas, esta tem sido a maneira de ser dos tubarões por milhares de anos. É muito difícil mudar. Somos assim! Eu sou assim!

- **Não deixe que seu passado marque seu presente e muito menos seu futuro, grande tubarão branco.** Dentro de você tem tudo que precisa para ter uma vida mais plena, cheia de alegria, paz interior, prosperidade partilhada com aqueles que o rodeiam. Você tem qualidades extraordinárias que eu gostaria de aprender, mas, para eu conseguir, preciso de uma mudança em sua atitude que me permita reconhecer estes atributos de forma evidente.

- E como eu posso conseguir isso? – continuou Gorzo, cujo pensamento se enchia cada vez mais de dúvida por causa das palavras de Ariel.

- Há sempre uma oportunidade se nos comprometermos com uma decisão firme de agir de maneira diferente, Gorzo. Talvez, você possa experimentar uma mudança e, assim, ser um exemplo para seus pares. Vamos tentar uma existência mais harmoniosa, respeitando e aceitando nossas diferenças, e estabelecendo limites para conviver neste belo mar. Além disso, há muita coisa para comer sem a necessidade de ser violento.

- Uma vez, um tubarão professor doente me confessou que ele acreditava que os tubarões podiam mudar, se quiséssemos, porque só tínhamos errado o caminho, não o rumo. Talvez, seja hora de tentar coisas novas, mas aqui preso não poderei tentar nada disso. Você me fez refletir, Ariel, talvez eu possa me transformar e, assim, transformar os outros.

- Bem, se você prometer que não vai me atacar novamente e continuar falando comigo, então vou ajudá-lo a sair.

Depois de obter o compromisso que buscava do tubarão, Ariel ajudou Gorzo, que uma vez fora do túnel cumpriu sua palavra. Eles continuaram a conversa e, enquanto conversavam, tiveram a intuição de que aquele encontro poderia ser o primeiro passo para uma melhor convivência. Combinaram de se encontrar a cada dois meses, no mesmo lugar, para estreitar a relação que, contra todos os princípios e regras das profundezas, estava começando naquele momento.

Antes de dizer adeus, Gorzo fez Ariel notar o brilho de uma palavra que havia aparecido antes: "Alianças". "Será que o medalhão está completo?", se perguntou Ariel, que se virou e foi em direção à superfície para comemorar com um grande salto o que foi conseguido com esta negociação e este acordo equitativo para depois ir embora para sua casa.

XIII

Três semanas depois, ele se encontrou com alguns golfinhos conhecidos que, ao vê-lo, foram avisar ao resto do grupo sobre a chegada iminente de Ariel. Aproximadamente sete meses se passaram desde o dia em que saiu com Tom para o Golfo do México. Quando chegou ao grupo, seus pais e Oli esperavam por ele, com o presente mais extraordinário que Ariel poderia imaginar: um bebê no ventre de sua amada, que nasceria muito em breve. Ele se chamaria Andre, que mais tarde estaria acompanhado de Pau e Cami, que um dia fariam sua grande viagem.

Depois de comemorar, descansar e jogar com os entes, procurou a mãe de Tom e, em companhia de Oli, contou a ela tudo o que tinham vivido durante a Grande Viagem, comprometendo-se a acompanhá-la um dia a uma bela baía para brincar com seus netos.

No pôr do sol, quando o Sol se reencontrou com a água, Ariel mais uma vez agradeceu e ali, no meio da imensidão, aquela voz interior retornou:

"Você mostrou ser um grande golfinho, Ariel, mas seu medalhão não está completo: sobre a borda, você pode ver o que mostrou". Com sua magia natural, o medalhão destacou uma inscrição, mais brilhante do que todas as anteriores: *"Confiança"*. A voz continuou: *"Isso é o que realmente permite que alguém consiga o que sonha e se sinta pleno: Confie em si mesmo para confiar nos outros, Ariel, e você já conseguiu"*.

Mais tarde, ele se reuniu com seus pais e avós para contar também suas aventuras durante a Grande Viagem. Depois de ouvir sua história, Lui perguntou sobre o medalhão e Ariel queria entregar a ele, dizendo:

– Muito obrigado, papai. Seu medalhão foi de muito valor para mim durante a Grande Viagem. Eu aprendi muito.

– Guarde-o, Ariel, já não me pertence. É seu para fazer com ele o que quiser. Assim como sua vida. Apenas me dê um momento, por favor.

Fernando Sánchez Arias

E pegando-o em suas nadadeiras pela última vez, depois de ter revisto, retornou dizendo:

– Já viu a outra metade?

Ao atirar o medalhão para cima, Ariel observou que no outro lado dele aparecia uma palavra: *"Transcendência"*. Ele mostrou-a para Oli e sua mãe, que disse:

– Esse é o mais importante na vida. A capacidade de deixar uma marca positiva, uma onda na água, uma pegada na areia, o que pode demonstrar que a passagem por este tempo e este espaço valeu a pena. De nada nos servem as outras qualidades inscritas no medalhão, se não as utilizamos para produzir resultados. No final, nossa existência é medida por nossos resultados.

A voz interna voltou, então, a visitar Ariel:

"Dê vida ao que você viveu, compartilhando-o com paixão, educando os outros com seu exemplo.
As palavras são efêmeras, as obras, memoráveis."

A voz desapareceu e Ariel e Oli se despediram de Rebe, Lui, Maru e Atil. Havia chegado o entardecer e o Sol tinha dado lugar a uma bela Lua cheia que iluminava a água, na qual se refletia um golfinho, como qualquer um de nós, capaz de sonhar, agir e melhorar a si mesmo e àqueles que estão à sua volta.

Lentamente, com profunda gratidão, Ariel pegou o medalhão e lembrou que seu pai disse: *"É seu para fazer com ele o que quiser. Assim como sua vida"*. Então, ao observar Oli no estado de gravidez, Ariel deu um grande salto, tendo a certeza de que algum dia entregaria o medalhão para qualquer um dos seus filhos ou netos, ou quem sabe a alguém mais, para também transformar sua vida, a de outros golfinhos e de toda a humanidade.

FIM

(Da fábula, não do livro)

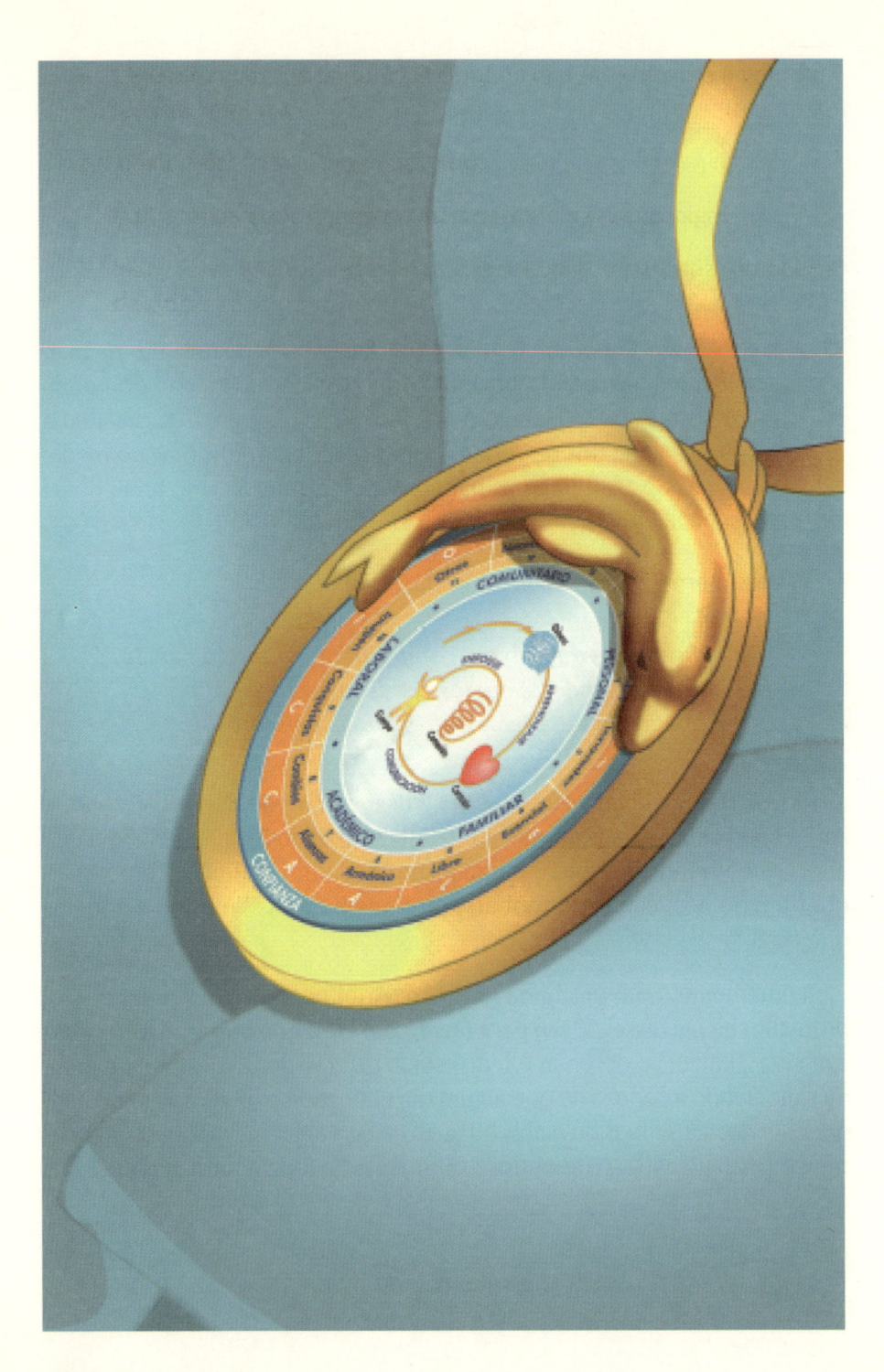

Fernando Sánchez Arias

Da Fábula à Ação

"A intenção sem ação não cria transformação."
Takumi

Nossos pais e avós, seguindo os ensinamentos de grandes sábios e pensadores, nos transmitiram claramente que as pessoas conseguem transcender quando decidem, agem e se atrevem a fazer, superando medos e obstáculos.

As pessoas, que mudam para o bem da história da humanidade, são capazes de demonstrar seu talento, sua inteligência e sua paixão através da ação, experiência, colocando em prática o que sabem. Não se satisfazem com "ser" e "querer"; "fazer" e "conseguir" são igualmente importantes e determinantes para "transcender".

Essas pessoas, líderes ou seguidores, artistas ou cientistas, mulheres ou homens, possuem determinados conhecimentos que lhes permitem ver o que os outros não veem, têm uma atitude positiva que motiva e inspira para motivar e inspirar os que as rodeiam, apresentam comportamentos adequados aos seus conhecimentos e atitudes, e estes, por sua vez, as ajudam a atingir metas e objetivos traçados, por mais ambiciosos ou difíceis que sejam.

De Jesus a Maomé, de Bolívar a Washington, de J. F. Kennedy a Castro, de Andrés Bello a Isabel Allende, de Mozart a Dudamel, de Gandhi a Aung San Suu Kyi, de Henry Ford a Bill Gates, de Simón Rodríguez a Peter Senge, de Einstein a Fernandez Morán, de Obama a Chávez, de Carlos Coste a Lance Armstrong, de Yolanda Moreno a Michael Flatley, encontramos na história antiga e contemporânea pessoas com realizações que, dependendo dos nossos pontos de vista, podemos julgar como transcendentes ou não. O que é um lugar-comum é que essas pessoas e outras, nas quais certamente você está pensando agora, ocupam e ocuparão um lugar na história.

Alguns modelos e teorias científicas veem essas pessoas como especiais e únicas, sortudas por terem recebido certos dons e foram "escolhidas". Nosso olhar aceita que há um conteúdo genético que influencia a pessoa que somos, mas dá muito mais força às teorias que afirmam que o ambiente onde nos desenvolvemos e as decisões que tomamos traçam o perfil do tipo de pessoa que temos sido, somos e seremos.

As pessoas não nascem medíocres ou excelentes, as pessoas ficam medíocres ou excelentes pelo ambiente em que crescem, pelas decisões que tomam e pelas ações que praticam.

Isto pode ser visto no caso de gêmeos, com um elevado coeficiente intelectual, de uma boa família, com pais exemplares, excelente educação formal e informal, sem qualquer trauma evidente; um deles se torna um líder destacado e o outro acaba nas drogas e na criminalidade. Também pode ser visto no caso da criança pobre que, abandonada pelo pai, criada pela mãe que trabalha o dia todo para mantê-la com sete irmãos e vivendo em um bairro altamente perigoso com escolas nas quais faltam professores e recursos, com disciplina lê e estuda para conseguir uma bolsa para uma boa escola, onde se formou com excelentes notas para receber outra bolsa de estudos para uma prestigiosa universidade, até se formar e se tornar um importante líder empresarial e social. Nós somos o que escolhemos ser, sem desculpa alguma.

Esta mensagem funciona para nossa história, sua história. Assim como Ariel, Oli, Tom e os outros personagens da história, qualquer um de nós pode aprender o que se deve fazer para atingir as metas e os objetivos, e causar impressão positiva em sua família, no local de estudo, no trabalho e na sociedade.

Aqui cabe, então, a máxima que diz: "o comportamento dá vida ao conhecimento". Comece colocando em prática o que você aprendeu com a fábula.

Para isso, eu convido você a responder às seguintes perguntas e escolher um objetivo que você pode atingir imediatamente para melhorar algum aspecto de sua realidade mais próxima.

Vamos nadar!

Vamos dar o salto!

1. De qual momento ou cena da fábula que você mais gostou e por quê?
   _____

2. O que você aprendeu?
   _____

3. Com qual ou quais personagens você se identificou e por quê?

   Personagem: _____ Motivo: _____
   Personagem: _____ Motivo: _____

   Das palavras que apareceram no Medalhão de Ariel, quais seriam as três que você considera seus pontos fortes? Escreva uma conquista com a qual você está satisfeito(a), orgulhoso(a), agradecido(a) por cada palavra escolhida:

   a. _____ Conquista: _____
   b. _____ Conquista: _____
   c. _____ Conquista: _____

4. Das palavras do medalhão, quais você considera que precisa aprender e aplicar na prática para melhorar algum aspecto de sua vida pessoal e profissional? Escreva uma ação que permita a você desenvolver este fator, uma pessoa que você escolhe como modelo por ser importante nessa área, uma data para começar a agir e outra para medir os resultados.

Fator	Ação	Modelo	Data de início	Data de medição

5. Que pessoa à sua volta você acha que pode se beneficiar da leitura dessa fábula e por quê?
   _____

6. O que você pode fazer para ajudar na realização transcendente dessa pessoa?
   _____

Aprendendo a Ser Golfinho em um Mar de Tubarões

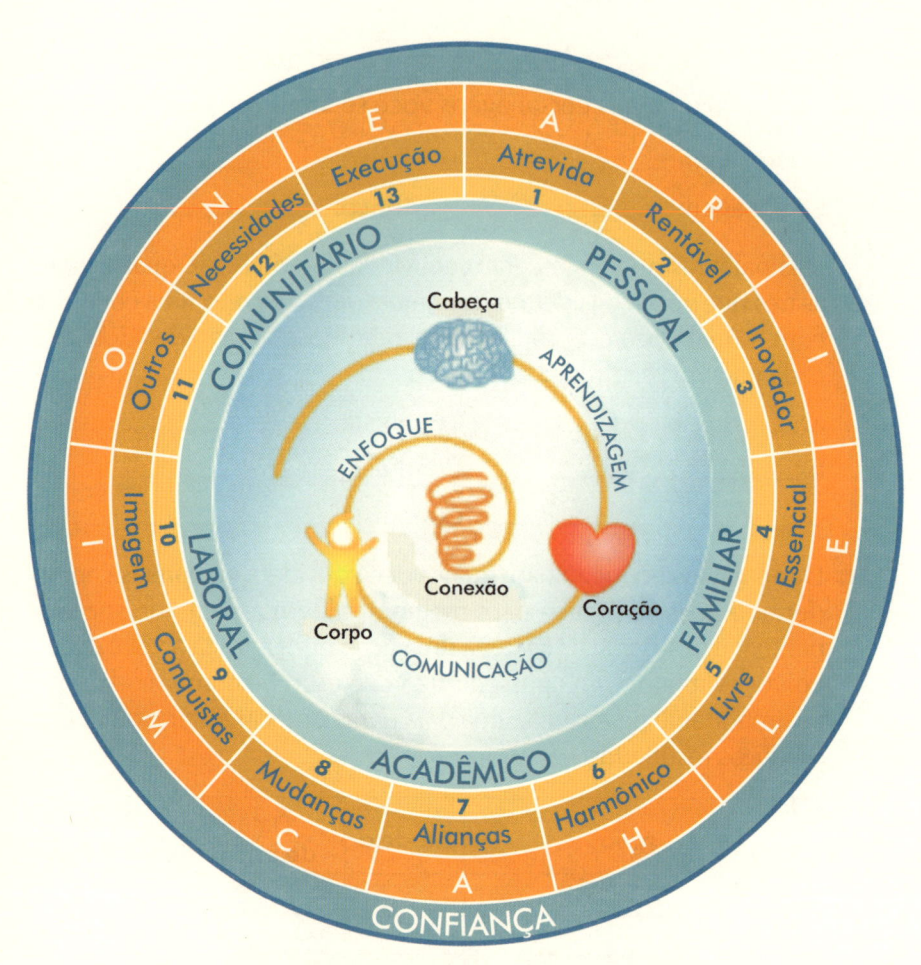

O Medalhão de Ariel

Modelo de Liderança Pessoal e Profissional

Fernando Sánchez Arias

Agir como Golfinho

Uma competência é o conjunto de conhecimentos, atitudes e habilidades que uma pessoa tem para atingir objetivos específicos em uma determinada área, atendendo ou superando os padrões estabelecidos pelas pessoas ou entidades que recebem o produto de seu trabalho.

Para ser uma pessoa Golfinho, é importante que você queira melhorar, não importa se você se considera "bem-sucedido" ou "realizado", se está estudando, começando sua carreira ou está em um momento de transição, mudando de emprego ou ocupação, enfrentando uma perda de um ente querido ou em meio de um rompimento de uma relação essencial em sua vida, o que importa é que você está DISPOSTO e DISPONÍVEL para fazer pelo menos UMA mudança. Nem duas nem três, UMA.

Muitos de nós perdemos energia ao tentarmos empreender várias mudanças ao mesmo tempo, o que resulta em cansaço, desânimo e abandono do objetivo.

O Medalhão de Ariel representa fielmente o Modelo de Liderança Pessoal e Profissional, que é composto de 26 palavras-chave, que são integradas de várias maneiras e que agrupamos da seguinte forma:

- Quatro domínios: **intelectual, emocional, corporal e espiritual.**

- Dimensões: **pessoal, familiar, acadêmica, profissional e comunitária.**

- Três grandes competências: **aprendizagem, comunicação e foco.**

- 13 saltos: **ousadia, rentabilidade, inovação, essência, liberdade, harmonia, alianças, mudanças, conquistas, imagem, outros, necessidades e execução.**

- A condição essencial: **confiança.**

4 Cs
4 Domínios Pessoais

Somos pessoas inteiras, não partes isoladas e divididas. Há algumas pessoas que desenvolvem apenas um domínio: as típicas intelectuais tradicionais para as quais só existem os livros, a teoria, os textos, a solidão do pesquisador ou cientista; as que estimulam o emocional, conectando-se com as atividades nas quais podem entrar em contato com os outros, socializar, divertir-se, dar carinho ao compartilhar com as outras pessoas; aquelas que se entregam aos exercícios, à academia, fortalecendo seu corpo e estando muito conscientes do que comem ou bebem; e aquelas pessoas para as quais só há o espiritual ou o religioso, dedicando seu tempo e energia a trabalhos centrados em sua fé.

A partir de nossa perspectiva, as pessoas mais saudáveis são aquelas que desenvolvem com maestria o domínio no qual está o dom divino e equilibram os outros três. Por exemplo, o sacerdote que é um maratonista e um leitor dedicado que sempre encontra tempo para compartilhar socialmente com sua família e seus amigos, apesar de estar em uma paróquia distante da sua cidade natal; o cientista que compreendeu o valor do trabalho em equipe e é premiado por uma pequena descoberta em seu laboratório com um momento agradável social, e é também um praticante de Tai Chi Chuan; ou o fisiculturista que acaba de escrever um livro sobre a saúde física e mental, e também é um grande pai e vizinho.

É saber em que eu sou bom, o que eu gostaria de ser e fazer, esforçar-me para ser melhor nessa área de conhecimento, habilidade ou capacidade, motivando-me a fazer tarefas simples, mas relevantes em outros domínios da vida.

Para alcançar este equilíbrio pessoal, precisamos saber bem nossos domínios e exercitá-los em equilíbrio.

A seguir, apresentamos uma tabela para você trabalhar com eles:

4Cs	Domínios	Componentes	Ações	Ideias
Cabeça	Intelectual Cognitivo/ Linguístico	Conhecimentos	Saber Pensar Falar Analisar Imaginar Criar	– Leia livros, jornais e revistas – Faça parte de grupos de leitura. – Participe de comunidades e redes de aprendizagem em grupo. – Aprenda a pensar, aprenda a aprender, aprenda a conversar. – Jogue xadrez, go e sudoku, jogos de palavras e imagens, e de memória. – Faça mapas mentais e árvores de decisão.
Coração	Emocional Afetivo	Atitudes	Querer Sentir Expressar Inspirar	– Aprenda e exercite a inteligência emocional. – Desenvolva a inteligência intrapessoal e interpessoal. – Medite e pratique ioga. – Expresse emoções e estados de humor pela via verbal e/ou escrita.
Corpo	Corporal Psicomotor	Habilidades	Fazer Respirar Atuar Movimentar-se Relaxar-se Expandir	– Cuide da saúde alimentando-se de forma adequada e fazendo exercícios com frequência. – Pratique Tai Chi Chuan, aikidô ou kendô. – Faça exercícios de bilateralidade cérebro-corporal.
Conexão	Espiritual Existencial	Dons	Transcender Promover Perdoar Amar Servir	– Perdoe de forma escrita ou verbal, em particular ou pessoalmente, aqueles que fizeram mal a você e expresse perdão para as pessoas que magoaram você. – Reze ou ore de acordo com sua fé. – Realize ações sociais voluntárias.

5 Dimensões Sociais

A frase "sou uma pessoa no trabalho e outra em casa" descreve claramente como algumas pessoas vivem suas vidas. Não podemos viver na inconsistência, desempenhando papéis que são inconsistentes ou se opõem entre si. *Aprendendo a Ser Golfinho em um Mar de Tubarões* convida-o a desenvolver sua liderança pessoal, essa capacidade de controlar seus quatro domínios (cabeça, coração, corpo e conexão) e, ao mesmo tempo, convida-o a usar essa capacidade de "gerir" seu ambiente de ação para melhorar sua interação com o mundo social: casa, escola, trabalho e vizinhança.

A cada dia que passa, vemos como custaram caro para algumas sociedades o foco obsessivo no trabalho e a negligência do ambiente familiar necessário para o bom desenvolvimento das gerações futuras. Cada vez mais, as crianças são criadas por empregados domésticos na ausência de pais que trabalham ou até mesmo colega de jogos ou de trabalho, no caso de famílias economicamente menos favorecidas. Temos de erradicar este mal social do desequilíbrio trabalho-família, começando por nós mesmos, pela quantidade e pela qualidade do tempo que dedicamos aos momentos importantes em cada ambiente.

Apresentamos a seguir uma tabela com algumas ideias para conseguirmos uma maior integração e equilíbrio entre essas dimensões:

Dimensão	Atores	Liderança	Ideias
Pessoal	Você	Liderança pessoal	– Equilibre seus domínios e meça seu desempenho.
Familiar	Pai, mãe, irmãos, maridos e mulheres, filhos e demais familiares	Liderança familiar	– Detecte suas necessidades e desejos. – Crie uma visão, missão e valores em conjunto. – Desenvolva uma estratégia em conjunto e escreva um plano de ação. – Dedique algum tempo, em quantidade e qualidade, para as atividades com a família. – Resolva relações de conflito. – Aceite e tire benefícios das diferenças.

Dimensão	Atores	Liderança	Ideias
Acadêmica	Professores, professores universitários, colegas de estudo, gerentes, coordenadores, pessoal administrativo ou operacional.	Liderança acadêmica	– Aprenda a aprender, estudar, fazer anotações, apresentar exames, relaxar e socializar com os outros. Essas habilidades farão a diferença nesta dimensão. – Escolha boas amizades, pois elas marcarão em grande parte suas realizações ou fracassos no jardim de infância, ensinos fundamental e médio, e faculdade. – Traduza tudo o que aprende na realidade presente e futura. Pergunte-se: para que serve isso que estou aprendendo? – Planeje e organize seu tempo para que tenha a oportunidade de brincar e curtir em equilíbrio com o estudo e a revisão. – Após cada aula, leia, revise, leia para alguém e explique com suas próprias palavras. – Participe de atividades extracurriculares, sem descuidar das matérias obrigatórias. – Se você é um bom aluno, ajude os outros a serem melhores e aprenda as matérias difíceis. – Se você for um docente, exija de você mesmo que lide com as últimas tendências, teorias, modelos e metodologias que facilitem a aprendizagem. – Seja criativo e com grandes ideias, torne suas aulas mais prazerosas, impactantes e eficazes.
Trabalho	Supervisores, colegas, subordinados, clientes, fornecedores	Liderança no trabalho	– Esclareça seu papel e estabeleça um plano pessoal para alcançar os melhores resultados para você, seu supervisor, seus subordinados, colegas, clientes e fornecedores. – Concentre-se nas pessoas inspiradoras e evite pessoas venenosas, pessimistas e negativas. – Ao ser obrigado a interagir com as pessoas venenosas, use sua capacidade intelectual e emocional sem se envolver nos círculos viciosos.

Dimensão	Atores	Liderança	Ideias
Comunitária	Vizinhos, autoridades, demais cidadãos locais, nacionais e internacionais.	Liderança comunitária	– Destaque-se não só por suas realizações individuais, mas pelo valor das realizações em grupo. – Aja como empreendedor, identificando oportunidades financeiras, comerciais e operacionais para sua organização. – Seja proativo e participativo, indo a reuniões de condomínios associações de moradores, comitês, conselhos comunitários. – Participe de sua igreja, apoiando em situações de necessidade. – Seja um bom vizinho, respeitando as leis e as normas de convivência entre vizinhos. – Preserve a segurança, ordem, limpeza e organização de sua comunidade.

3 Principais Habilidades

Com os quatro domínios e as cinco dimensões, observamos o ser humano de uma forma holística, abrangente, completa.

Partindo desta perspectiva, surge a pergunta: o que é essencial para aprender? A resposta que recebemos de milhares de parceiros e aliados, de centenas de empresários, gerentes e supervisores, de dezenas de pesquisadores brilhantes é esta: as pessoas avançadas, as pessoas com realizações bem-sucedidas são aquelas que sabem como **aprender**, como se **comunicar** e como **concentrar** sua energia.

É por isso que antes de dar os 13 saltos, convidamos o leitor e o colega de aprendizagem em nossas conferências, oficinas e interações de *coaching* a desenvolver os conhecimentos, atitudes e competências nestas três principais competências que apresentamos na tabela a seguir:

Principais competências	Comportamentos que podem ser observados	Ideias para seu desenvolvimento
Aprendizagem	– Leia de forma rápida e eficaz. – Conheça como e onde buscar informações e dados válidos, relevantes e pertinentes. – Tenha domínio das técnicas eficazes para tomar notas. – Use técnicas mnemônicas para memorizar informações de livros, aulas, reuniões, relatórios, projetos e apresentações. – Interprete com critérios as sugestões compartilhadas por autores, gestores, professores e outras pessoas, formule seu próprio conceito e avalie sua aplicabilidade na vida real.	– Olhe à sua volta para saber quem é um bom modelo de aprendizagem efetiva e peça que seja seu mentor. – Procure um programa de aprendizagem em sua localidade que seja sério, prestigioso e que tenha demonstrado resultados concretos e mensuráveis em termos de como seus alunos aprendem de forma mais rápida e eficaz. – Faça um desses programas e aplique imediatamente o que aprendeu. – Faça o mesmo com um curso ou oficina de leitura rápida, foto-leitura e memória. – Identifique seu canal de percepção mais desenvolvido. – Diferencie seu estilo de aprendizagem. – Forme grupos de leitura, aprendizagem e estudo.

Principais competências	Comportamentos que podem ser observados	Ideias para seu desenvolvimento
Comunicação	– Escute de forma paciente, focada e efetiva seus interlocutores. – Ouça, parafraseie, interprete, formule e responda de forma eficaz. – Transmita sua mensagem de forma eficaz, tendo cuidado com suas opiniões, emoções e lado corporal. – Escolha o melhor lugar e tempo para falar. – Meça a eficácia de sua comunicação pelos resultados das conversas que tem no trabalho, em família ou na comunidade.	– Siga as primeiras três ideias da página anterior, adaptando-as ao tema de comunicação. – Peça feedback a pessoas de confiança, que muitas vezes dizem a verdade sobre como você escuta e como transmite informações. – Incorpore esse feedback em um plano de melhoria, implementando ações e medindo os resultados. – Cuide de cada conversa que você tem como se fosse única ou a última que terá com essa pessoa.
Foco	– Concentre seu corpo e respire de forma consciente para investir sua energia da maneira mais produtiva e efetiva em cada tarefa ou objetivo. – Escolha suas prioridades de maneira eficaz. – Planeje e execute segundo suas prioridades. – Use um sistema efetivo de planejamento, organização de tempo e de tarefas. – Cumpra suas promessas e objetivos no tempo estabelecido e nos padrões exigidos.	– Siga as primeiras três ideias acima, adaptando-as ao tema de foco. – Identifique o melhor sistema de planejamento e organização pessoal e profissional no mercado. – Adquira esse sistema e coloque-o em prática. – Pratique exercícios de arte marciais ou de meditação que motivem você a focar sua energia, como, por exemplo, aikidô, kendô, Tai Chi Chuan ou ioga. – Peça feedback de fontes válidas sobre seu desempenho nessa área.

13 Saltos

Ao desenvolver e dominar de forma básica as três principais competências, o desenvolvimento do domínio de cada um dos 13 saltos será mais fácil para você. Para cada um deles, na tabela a seguir, fornecemos a palavra-chave que empregamos como ajuda mnemotécnica que facilita a memorização do modelo, o nome completo de cada salto, uma pergunta-chave e ideias para conseguir chegar lá.

	Ícone	Palavra-chave	Nome Completo	Ideias
1.		**A**trevido	**Atrevimento para definir e alcançar sua visão** Como melhorar os resultados e atingir sua visão por meio de melhores decisões?	– Redija sua visão e missão. – Aprenda a tomar decisões. – Seja ousado nas decisões e ações.
2.		**R**entável	**Rentabilidade e inteligência financeira** Como melhorar os resultados de forma econômica, contábil e financeira?	– Aprenda economia e finanças. – Faça o orçamento e registre as entradas de dinheiro. – Livre-se da escassez.
3.		**I**novador	**Inovação, criatividade e pensamento sistemático** Como melhorar os resultados através de raciocínio lógico, criatividade e sistêmico?	– Faça uma oficina ou curso para aprender a pensar melhor. – Elabore modelos sistêmicos. – Busque ou gere ideias criativas.
4.		**E**ssencial	**Essência, história e identidade familiar** Como melhorar os resultados, identificando e transformando nossas raízes e mapas familiares?	– Faça sua árvore genealógica. – Elabore seu mapa social familiar. – Identifique obstáculos/potenciadores.

Aprendendo a Ser Golfinho em um Mar de Tubarões

Ícone	Palavra-chave	Nome Completo	Ideias
5.	**L**ivre	**Liberdade e inteligência emocional** Como melhorar os resultados, agindo com paixão, expressando e controlando suas emoções e ações?	– Aprenda a identificar as emoções. – Escolha a melhor maneira de expressar o que você sente de forma assertiva.
6.	**H**armônico	**Harmonia e cooperação com sinergia** Como melhorar os resultados, melhorando o trabalho em equipe?	– Aprenda a trabalhar em equipe. – Valorize as diferenças. – Alinhe os esforços aos objetivos comuns.
7.	**A**lianças	**Alianças e negociação justa** Como conseguir melhores acordos, negócios e alianças estratégicas?	– Aprenda a negociar. – Estude bem o outro. – Escute e busque opção.
8.	**M**udanças	**Mudança, gestão de crise e crescimento** Como melhorar os resultados mudando, gerindo crises e crescendo na adversidade?	– Aprenda a gerir a mudança. – Detecte oportunidades nas crises. – Desenvolva a flexibilidade
9.	**C**onquistas	**Conquista de objetivos com planejamento e organização** Como estabelecer planos que permitam a realização efetiva e rentável dos objetivos?	– Aprende a planejar e organizar. – Crie estratégias e táticas. – Estabeleça indicadores para medir seu desempenho
10.	**I**magem	**Imagem pública e integridade** Como proteger sua reputação por meio de ações íntegras e coerentes?	– Seja coerente com seus valores. – Verifique as consequências de seus atos e o impacto em sua identidade e credibilidade.

Fernando Sánchez Arias

Ícone	Palavra-chave	Nome Completo	Ideias
11.	Outros	**Outros: Relações, modelos e mentores** Como melhorar as relações com os outros e utilizar uma modelagem de "monitoramento" para ter melhores resultados?	– Reate suas relações com os outros. – Escolha mentores e professores, e empregue com humildade suas orientações.
12.	Necessidades	**Necessidades sociais e desenvolvimento sustentável** Como melhorar seu meio social atendendo às necessidades sociais do ambiente?	– Identifique as necessidades à sua volta e crie um plano para atendê-las em equipe.
13.	Execução	**Execução efetiva e ambiental** Como executar o que foi planejado, cumprindo indicadores e cuidando do ambiente e das pessoas que nos rodeiam?	– Combine o foco com a execução para garantir que faça o que deve fazer da melhor maneira possível.

A Condição Essencial: Confiança

O modelo e seu conteúdo culminam com o que é mostrado na borda do medalhão, onde está escrita a palavra **CONFIANÇA** dentro de um círculo.

Definimos a confiança como o que sentimos quando temos a certeza de que o outro cumprirá o que promete, fará o que diz, alcançará a meta estabelecida e mostrará o comportamento com o qual concordamos.

Mas antes de olhar para outro, necessariamente olhamos para nós mesmos e perguntamos: "Será que eu confio em mim? Tenho certeza das minhas capacidades, da minha atitude e da minha responsabilidade de honrar os compromissos que assumo para mim mesmo?" Todos nós, em algum momento, devemos aprender a nos aceitar e aproveitar como nós somos, fazer os ajustes dos quais precisamos e sim, sobretudo, nos concentrar no que fazemos bem, nos nossos dons, nossos pontos fortes, confiar neles, ousar compartilhar essas capacidades com as pessoas que nos rodeiam e investi-las em nossos sonhos.

É da confiança em nós mesmos que vem a verdadeira oportunidade de confiar nas outras pessoas. A confiança nos outros se baseia na capacidade, sinceridade e responsabilidade que têm e demonstram. É prudente responder a estas perguntas antes de fazer um pedido, fechar um contrato, aceitar uma promessa ou delegar uma tarefa a outra pessoa: Que medida é capaz de realizar o que foi confiado ou de fazer o que foi comprometido? Que nível de honestidade e fraqueza existe quando se trata de assumir um compromisso e aceitar um trabalho? Qual é o nível de comprometimento para implementar a ação delegada ou assumida, a fim de atingir o objetivo estabelecido ou mostrar o comportamento acordado?

A evolução de uma família, uma escola ou universidade, uma empresa, uma unidade de governo, um país, mostra o grau de confiança que existe em seu interior. A falta de confiança corrói as estruturas de qualquer que seja esta relação, cria burocracias, paranoia, doenças que vão danificando os alicerces para frear seu crescimento ou destruí-los permanentemente.

Dar os primeiros passos para confiar em nós mesmos e nas pessoas não é algo que devemos fazer para nós, é algo que precisamos fazer por e para nossa sociedade.

13 Armadilhas

Há polaridades em nossas vidas: nascer e pôr do sol, zero e um, yin e yang, alto e baixo, dentro e fora, oriente e ocidente, norte e sul, frio e quente, bem e mal, heróis e vilões... Na nossa história, os opostos nos ajudam a transmitir uma mensagem entre a excelência e a realização transcendente por um lado, e a mediocridade por outro. Para apoiar a compreensão do valor e da importância dos saltos na vida de cada leitor ou colega da aprendizagem, fizemos um "espelho", diferenciando as condutas a serem evitadas por qualquer pessoa que queira desenvolver os saltos. Denominamos "armadilhas", pois atrapalham a possibilidade de dar um salto, mudar, aproveitar a crise e crescer. Acrescentado um pouco de tempero para tornar ainda mais memorável.

	Salto	Armadilha	Conduta (a ser evitada)
1.	Atrevido	Medroso	É passivo, covarde e não ousa tomar decisões. Conhece sua visão, missão e objetivos e, portanto, não sabe o que é mais importante na hora de decidir. Paralisa-se.
2.	Rentável	Esbanjador	Sempre anda "duro". Deve dinheiro para todo mundo. Gosta de "fiado" (crédito) mal pago. Não faz orçamento, não planeja, não registra suas receitas e despesas. Não poupa nem investe dinheiro.
3.	Inovador	Obsoleto	Contenta-se com o que vê, com sua realidade. Aceita passivamente o estado das coisas. Não gera ou compartilha ideias. Vê as coisas de uma mesma maneira e usa o passado.
4.	Essencial	Sem raízes	Não sabe de onde vem, desconhece suas raízes e sua origem familiar, cultural e social. Possui problemas nas relações familiares devido a conflitos não resolvidos ou fatores negativos que o freiam e limitam.
5.	Livre	Preso	Não sabe expressar o que sente. Reprime suas emoções ou expressa-as impulsivamente, sem consciência das consequências do seu comportamento reprimido ou explosivo.
6.	Harmônico	Individualista	Não sabe trabalhar em equipe. Procura ser o protagonista à custa do bem-estar e do sucesso da equipe. Custa respeitar e aproveitar as diferenciais de opinião e comportamento.

	Salto	Armadilha	Conduta (a ser evitada)
7.	Alianças	Egoísta	Falha nas negociações cedendo muito ou exigindo demais. Consegue acordos onde alguns ganham e outros perdem, destruindo as relações. Busca vantagens só para si.
8.	Mudanças	Resistente	Resiste às mudanças, falta flexibilidade. Custa adaptar-se às situações inesperadas. Encontra tranquilidade e segurança no que fez e afasta-se de fazer coisas novas.
9.	Conquistas	Improvisador	Quando consegue algo, consegue por acaso. Não sabe planejar e se sabe, não planeja. É desorganizado e descoordenado.
10.	Imagem	Incomodado	Expõe-se e age de maneira inconsistente ao que prega. Desconsidera os acordos e os compromissos. "Incomoda-se" ao afetar a identidade pública ou a imagem ao violar regras, acordos, promessas e ofertas.
11.	Outros	Arrogante	Sua arrogância o impede de respeitar e avaliar os outros, isso faz com que seja uma pessoa indesejada nos grupos e limita a interação com os pares, sobretudo com professores e mentores.
12.	Necessidades	Sem compromisso	Tira o corpo fora das responsabilidades sociais. Pouco se importa com os doentes, pobres, crianças ou idosos em situação de risco. Evita participar pessoalmente de projetos comunitários.
13.	Execução	Ineficiente	Não age, não faz o suficiente para manter o que prometeu e ofereceu. Ao agir, não se importa com as pessoas e o ambiente ao seu redor, destruindo-os.

Conhecendo estas armadilhas e nos disciplinando, para não sermos pegos nelas, temos a oportunidade de viver e tirar proveito da sabedoria dos saltos e, assim, desfrutar da alegria das relações transcendentes.

Outras Armadilhas

Fizemos o mesmo com as três principais competências e a condição essencial para que possamos estar alertas para evitar um comportamento oposto à demonstração de domínio desses conhecimentos, atitudes e habilidades.

Competência	Armadilha	Conduta (a ser evitada)
Aprendizagem	Limitado	Não sabe aprender, embora diga e acredite. Custa memorizar ou interpretar os dados. Desconhece seu melhor canal, seu melhor estilo e ponto forte de aprendizagem. Contenta-se com o que sabe e não se motiva para ser curioso, ler e pesquisar.
Comunicado	Isolado	Isola-se dos demais por não saber escutar ou por não saber transmitir o que diz. Gera confusões e mal-entendidos por não manter conversas adequadas, claras e eficazes, nas quais os interlocutores entendem a mensagem e acordam as ações para agir conforme o que transmitiu. Evita conversas importantes ou acaloradas por medo de prejudicar as relações, que são afetadas simplesmente por não ter essas conversas.
Foco	Disperso	Pretende realizar muitas coisas ao mesmo tempo, que o faz perder a perspectiva sobre o impacto de cada decisão ou ação para cada objetivo. Desperdiça energia ao procurar investi-la em muitas atividades, desconhecendo as limitações de tempo, espaço, dinheiro e energia. Faz mais do que pode. "Perde tempo", quando poderia ter avaliado e decidido de forma responsável o que podia preparar.
Confiança	Desconfiado	Faz ressoar o ditado coloquial venezuelano que diz: "por esse não dou nem meio", em referência às pessoas que não merecem acreditar neles por terem comportamentos que inspiram desconfiança. São pessoas que não cumprem o que prometem e não honram seus compromissos, "ficando mal" com seus familiares, amigos, colegas de estudo/trabalho e vizinhos.

Esperamos que este "espelho" reflita o outro lado dos saltos e das competências, que talvez pareça um pouco escuro, mas é possível trazer à luz o compromisso de mudar e melhorar nossa maneira de pensar, sentir, agir e transformar.

Aqui vai, então, um novo convite para evitar as armadilhas que nos impedem de dar os saltos e desenvolver as competências que mais precisamos para enfrentar a crise, mudar e crescer.

Como Usar a Fábula e o Livro

Você pode usar o modelo de várias maneiras:

SER

"Não posso pedir aos outros para que sejam o que eu não tenho a coragem de ser."

- Aproveite a fábula.
- Responda às perguntas da página 73 e elabore seu plano de ação e melhoria.
- Imprima e publique o plano em sua casa e escritório, em um lugar onde você possa vê-lo diariamente.
- Reserve um minuto do seu dia para rever seu plano e avalie o progresso.

SABER

"O saber me permite ser mais útil e mais pleno(a)."

- Leia a história várias vezes e o resto do livro.
- Leia outros livros, revistas e publicações acadêmicas e profissionais de sua escolha.
- Estude sobre os golfinhos e tubarões, sobre a crise, as mudanças e o crescimento que pode ser alcançado na adversidade, equilibrando a escassez com a abundância.
- Converse com especialistas e pessoas que mostram realizações bem-sucedidas em sua família, escola, empresa, organização e cidade, pergunte a eles sobre questões-chave.

FAZER

"De nada serve o saber sem o fazer."

- Selecione uma habilidade ou um salto para começar a focar seu processo de desenvolvimento.

- Comece a PRATICAR DIARIAMENTE o comportamento associado a cada domínio, dimensão, salto e as principais habilidades que você escolher.
- Avalie os resultados do novo comportamento: O que mudou?
- Escolha um ente querido, amigo, colega de trabalho, supervisor(a), subordinado(a), orientador(a) ou aluno(a), em quem você confia, que vai contar a verdade para você e não o que deseja escutar. Pergunte a ele/ela sobre as mudanças e os melhores comportamentos observados em você.

CONQUISTAR

"É a conquista que determina a qualidade da aprendizagem."

- Determine o impacto dessas mudanças e melhorias na obtenção de resultados. Lembre-se de que "não é só fazer, é conquistar".
- Meça os indicadores que lhe permitem saber se as ações estão melhorando os resultados: O que melhorou? Estou mais culto? Identifico melhor minhas emoções e canalizo melhor minhas reações? Minha postura e a forma como eu movimento e ajo estão melhores do que antes? Sinto-me mais pleno espiritualmente? Melhorou minha relação comigo, com minha família, com meus colegas de estudo e trabalho, com meus vizinhos? Sou mais próspero e saudável? Sinto-me mais feliz do que antes?
- Tenha controle do que você está fazendo e conseguindo.

FAZER SABER

"Deixamos ondas na água e pegadas na areia quando transmitimos o que sabemos por meio de palavras sábias e atos exemplares."

- Convide vários membros da família, amigos, colegas de trabalho, estudo ou vizinhos para uma leitura em grupo da fábula.
- Ofereça-se como voluntário para ler a fábula na sala de aula de seus filhos, sobrinhos e afilhados.
- Reúna várias crianças e jovens do seu bairro e leia a história em grupo de forma compartilhada.
- Dê o livro de presente ao líder do sindicato de sua empresa, à senhora que ajuda na manutenção e limpeza na sua casa ou escritório,

ao sacerdote ou ministro de sua igreja. Todos podem ter um efeito multiplicador.
- Organize um tempo informal ou formal para compartilhar a história e o que você aprendeu com ela com os(as) colegas, subordinados(as) e supervisores(as) de sua organização.

TRANSCENDER

"Eu transcendo quando não preciso estar para fazer presença."

- Assegure-se de que alguém de outra geração se beneficie concretamente com o que você aprendeu neste livro.
- Procure alguém que você admira e peça por escrito e verbalmente que seja seu mentor geral ou em uma área específica. Honre o tempo, a energia e a reputação que irá investir em você.
- Junte-se a outras pessoas para fazer o que você faz tão bem ou fazer melhor do que você.
- Aceite ser mentor de pelo menos uma pessoa e comprometa seu tempo, sua reputação e sua energia em prol de sua melhoria.

A História da Fábula

Desde 1995, quando nadamos pela primeira vez com golfinhos na maravilhosa costa de Santa Marta, na Colômbia, ficamos profundamente marcados, o que nos motivou a investigar sobre seu comportamento e as semelhanças existentes entre seu comportamento e o nosso.

O livro *Aprendendo a Ser Golfinho em um Mar de Tubarões* (ASD) nasceu com um convite gentil que recebemos para realizar uma conferência no Congresso Nacional de Gestão de Recursos Humanos, organizado pela Associação Panamenha de Gestão de Pessoal, nos dias 26, 27 e 28 de outubro de 1995, na cidade do Panamá. Nessa conferência, os organizadores nos pediram para falar sobre os valores e a cultura organizacional dentro do ambiente corporativo.

Decidimos investigar entre os parceiros, clientes, fornecedores e pessoas com grandes realizações em vários campos. O resultado foi uma lista de conhecimentos, atitudes e habilidades que essas pessoas demonstravam e que lhes permitiam alcançar o que conseguiram, enquanto outros criticavam, se queixavam e estavam estagnados ou simplesmente fracassavam.

Como é característico de nossos projetos de experiências de aprendizagem pessoal e organizacional, estruturamos o conteúdo em uma metáfora. A partir desse primeiro convite, no Panamá, o ASD transformou-se não só na conferência mais popular e contratada, mas na mais repetida pelos nossos clientes. Universidades, sindicatos, empresas de todo porte, escolas e até mesmo partidos políticos nos convidavam para compartilhar a nossa visão de como as pessoas de sucesso conseguiam gerir as crises, as mudanças e crescer pessoalmente, enquanto faziam com que suas organizações e comunidades crescessem qualitativa e quantitativamente.

A metáfora via as pessoas e as organizações com valores e comportamentos de excelência como golfinhos, em contraposição às pessoas e às organizações que agiam contra o bem-estar, a produtividade, a rentabilidade e a ecologia, que denominamos tubarões. Em cada uma das várias oportunidades nas quais compartilhamos nossa proposta, pedíamos às pessoas para nos dizer quem eram seus modelos pessoais e organizacionais de sucesso, e bem-estar coletivo. Levantamos dados em mais de 30 países, sobre pessoas em mais de 70 países, incluindo os cinco continentes. O resultado: a criação de uma estrutura que contém os domínios a serem usados, as dimensões em que possam interagir, as características a serem adquiridas e os aspectos a serem controlados.

O convite para conhecer esse modelo não pretende fazer você seguir uma receita para o sucesso. Não seguimos muito o conceito de sucesso, como é visto em termos comerciais ou materiais. Nós nos aproximamos mais do foco na realização transcendente. Eu não sou bem-sucedido só porque tenho muito dinheiro, um carro de último modelo ou uma grande casa de verão. Contar com ativos tangíveis pode fazer parte das realizações transcendentes de uma pessoa, mas apenas isso, uma parte, o essencial vai muito além, é a saúde, o amor, a paz espiritual, a consciência tranquila, a responsabilidade social cumprida, o domínio intelectual, o controle emocional e a conexão espiritual.

Em vez de agir como uma receita de autoajuda, o ASD parece simplesmente servir como referência, reflexão e consulta. O modelo não é mais que uma estrutura que contém o produto do estudo das informações que recebemos em cada experiência de aprendizagem em cada interação organizacional, combinada com as lições aprendidas com casos da vida real de pessoas, empresas, residências universitárias e órgãos governamentais com realizações transcendentes, que conhecemos ou que tenham sido divulgadas por publicações sérias ou mostradas em conferências científicas e profissionais.

Usando o trabalho de biólogos marinhos e o estudo dedicado que realizamos sobre os golfinhos e os tubarões, sabemos que seria injusto colocar o tubarão em um lado estritamente negativo e o golfinho em lado exclusivamente positivo. Os dois possuem pontos fracos e fortes. O exercício que fazemos é meramente metafórico, mesmo quando damos força à nossa mensagem corremos o risco de confrontar visões que peritos ou especialistas podem ter sobre esses seres. Nossa história, sua história, afasta-se desta discussão exaltada, respeitando os diferentes pontos de vista sobre uma e outra espécie existente.

FIM

(Agora sim, do livro... do primeiro livro)

Bibliografia Utilizada e Recomendada

Fábula:

Para escrever a história, foram utilizadas diversas fontes sobre golfinhos, tubarões e outras espécies marinhas que compartilhamos com você, caso queira aprender mais.

Livros:

BACH, R. *Juan Salvador Gaviota*. Barcelona: Edit. Punto de Lectu, 2000.

BAGLIO, B. *Dolphin Diaries: Chasing the dream*. USA: Edit. Scholastic Inc, 2001.

CARWARDINE, M.; FORDYCE, R.; GILL, P. e HOYT, E. Whales, *Dolphins & Porpoises*. Singapore: Edit. Fog City Press, 1998.

CORRIGAN, P. *Dolphins for Kids*. Minocqua, Winconsin: Edit. NorthWord Press, Inc., 1995.

CORRIGAN, P. *Sharks for Kids*. Winconsin: Edit. Press, Inc., 1995.

DE SAINT EXUPERY, A. *El Principito* [O Pequeno Príncipe]. Peru: Edit. EBISA, 2003.

KALMAN, B. *Dolphins Around The World*. New York: Edit. Crabtree Publishing Company, 2003.

LUC, J. *March of the Penguins*. Washington, D.C: Edit. National Geographic, 2006.

LYNCH, D. e KORDIS, P. *Strategy of the Dolphin: Scoring a Win in a Chaotic World*. New York: Edit. William Morrow and Company, Inc, 1988.

LYNCH, D. e KORDIS, P. *A Estratégia do Golfinho: A conquista de vitórias num mundo caótico*. (10ª ed.) Sao Paulo: Edit. Cultrix/Amana, 1998.

MCINTYRE, J. *Sharks: Savage Predators of the Oceans*. Bath, UK: Edit. Parragon Publishing, 2006.

NIETO, D. e NIETO, A. *El Problema Cerebro-Mente y el Misterio de los Delfines*. (2a ed.) México: Edit. Diana, 1978.

O'BARRY, R. *Tras la Sonrisa del Delfín*. (3a ed.) México: Edit. Océano, 1988.

O'DELL, S. (1987). *Island of the Blue Dolphins*. New York: Edit. Yearling, 1987.

STEVENS, J. *Sharks*. (5a ed.) Sidney, Austrália: Edit. Facts On File, 1997.

VAZQUEZ-FIGUEROA, A. *Delfines*. (4a ed.). Barcelona: Edit. Plaza & Janes Editores, S.A, 1993.

Vídeos:

Besson, Luc (Director e Escritor); Garland, Robert (Escritor); Gaumont, A. y Ledoux, Patrick (Produtores). (2001). *Azul Profundo* (The Big Blue). [Vídeo DVD]. Los Ángeles, CA. Twentieth Century Fox.

Cole, Nigel (Diretor): Bradshaw, Jeremy (Produtor Ejecutivo); Williams, Robin (Narrador e Moderador). (1995). *Dolphins*. [Fita em VHS]. Atlanta, GA. Tigress Production-Turner Home Entertainment.

Haid, Charles (Diretor): Hayes, John Michael e Milicevic, Djordje (Escritores). (1994). *Iron Will*. [Vídeo em DVD]. Burbank, CA. Walt Disney Pictures.

Jones, H.; Whitty, J. (Produtores). (1996) *Cradle in the Sea: Spotted Dolphin and Sea Otter*. [Fita em VHS]. Bethesda, MD. Hardy Jones/Julia Whitty Productions – Acorn Media.

Kane, Dennis B.; Skinner, Thomas (Produtores Executivos). Noxon, Nicholas (Productor, Escritor e Diretor). (1982) *Los Tiburones*. [Fita de vídeo]. Pittsburgh. National Geographic Television.

MacGillivray, Greg (Diretor): Brosnan, Pierce (Narrador). (2000). *Dolphin*. [Vídeo em DVD]. Image Entertainment.

Royle, David (Produtor Executivo), Armstrong, Brian e Hoppin, Ashley (Produtores e Escritores). (2002). *Los ataques del tiburón misterioso*. [Vídeo em DVD]. Pittsburg. National Geographic Television.

Spielberg, Steven (Diretor): Zanuck, Richard (Produtor): (1975). *Tubarão*. [Fita de vídeo VHS]. Los Ángeles, CA. Universal.

Talbot, Bob (Produtor). (1992) *Talbot Dolphins & Orcas*. [Fita de vídeo em VHS]. Rancho Palos Verdes, CA. Bob Talbot Productions.

Sites na Internet:

Sobre Golfinhos:

http://delphinusblog.wordpress.com/2009/12/26/cierra-marcos-witt-gira-de-conciertos-sobrenatural-en-cancun/

http://www.areadelfines.com

http://www.barnaclesdolphincentre.com.au

http://www.cildeperu.org.pe

http://www.delfines7.com

http://www.delfinescancun.com.mx/datos-interesantes/instituto-de-investigacion-de-delfines-nariz-de-botella

http://www.dolphin-academy.com

http://www.dolphinaris.com.mx/Enciclopedia-sobre-Delfines/Comunicacion/

http://www.dolphinresearch.org.au/

http://www.dolphins.org/

http://www.mundoazul.org/delfines_investiga.htm

http://www.sarasotadolphin.org/

http://www.thebdri.com/

Sobre Tubarões:

http://www.ecochallenge.ws/cit_venezuela.htm l

http://www.elasmo-research.org/

http://www.flmnh.ufl.edu/fish/sharks/sharks.htm

http://www.greatwhite.org/

http://www.marinebiodiversity.ca/shark/english/index.htm

http://www.mote.org/

http://www.pelagic.org/

http://www.sharkattacks.com/

http://www.sharkresearch.com/

http://www.sharkresearchcommiuee.com/
http://www.sharks.org/
http://www.whiteshark.co.za/
http://www2.hawaii.edu/~carlm/

Modelo:

Para o Modelo de Liderança Pessoal e Profissional que, de maneira introdutória, compartilhamos neste livro, usamos o trabalho de alguns autores que, por meio de seus livros, artigos e conferências, têm influenciado nosso modo de pensar, sentir, agir e conectar no momento de investigar, aprender e desenvolver, a fim de melhorarmos e podermos, assim, melhorar os outros. Compartilhamos esse conhecimento para aprofundar e expandir seus conhecimentos, atitudes e habilidades.

ALVES, R. *Estórias de Quem Gosta de Ensinar*. São Paulo: Edit. Ars Poetica, 1995.

ARMSTRONG, M. *Manual de Técnicas Gerenciales*. Colombia: Fondo Editorial LEGIS, 1988.

BANDURA, A. *Self-Efficacy: The exercise of control*. New York: W. H. Freeman and Company, 1997.

BANDURA, A. Self-Efficacy: Towards a unifying theory of behavioral change. *Psychological Review*, vol. 84, nº 2, p. 191-215, 1997.

BANDURA, A. *Social Foundation of Thought and Action: A Social Cognitive Theory*. Prentice-Hall, Englewood Cliffs, NJ, 1986.

BANDURA, A. e CERVONE, O. Differential engagement of self-reactive influences in cognitive motivation. *Organizational Behaviour and Human Decision Processes*, vol. 38, nº 1, p. 92-113, 1986.

BAQUÉS, M. *600 Juegos para Educación Infantil*. Espana: CEAC Educación Infantil, 2004.

BENNIS, W. *On Becoming a Leader*. Massachusetts: Persus Books, 1994.

BLANCHARD, K.; BRITT, J.; HOEKSTRA, J. e ZIGARMI, P. *Who Killed Change?* New York: Edit. William Morrow, 2009.

BLANCHARD, K. e JOHNSON, S. *The One-Minute Manager*. New York: Morrow, 1982.

BLANCHARD, K. e STONER, J. *Full Steam Ahead!*. San Francisco: Edit. Berrett – Koehler Publishers, Inc., 2003.

BLOCK, P. *The Empowered Manager.* Jossey-Bass, San Francisco, CA., 1987.

BORYSENKO, J. e ROTHSTEIN, L. *Cómo Cuidar la Mente para Cuidar el Cuerpo.* México: Edivisión, 1992.

BUCKINGHAM, M. *The One Thing You Need to Know... about great managing, great leading, and sustained individual success.* New York: Edit. Free Press, 2005.

BUCKINGHAM, M. e CLIFTON, D. (2001). *Ahora, Descubra sus Fortalezas.* Bogotá: Edit. Norma, 2001.

BURNS, M. *The Book of Think.* California: Little, Brown and Company, 1976.

BUZAN, T. *Make the Most of Your Mind.* London: Edit. Pan Books, 1988.

CANFIELD, J. *The Success Principles.* New York: Edit. Harper Collins Publishers, 2005.

CANFIELD, J. e HANSEN, M. *The Aladdin Factor.* New York: Edit. Berkley Books, 1995.

CANFIELD, J.; HANSEN, M. e HEWITT, L. *The Power of Focus.* Florida: Edit. Health Communications Inc., 2000.

CARLSON, R. *Don't Sweat the Small Stuff... and it's all Small Stuff.* New York: Edit. Hyperion, 1997.

CASARJIAN, R. *Perdonar.* Barcelona: Edit. URANO, 1998.

CHOPRA, G. *El Hijo del Alba.* Madrid: Edit. EDAF, 1997.

CONGER, J. e READY, D. *Rethinking Leadership Competencies. Leader to Leader*, 41-47, 2004.

COVEY, S. *The 7 Habits of Highly Effective People.* New York: Edit. Simon & Schuster, 1989.

COVEY, S. *Principle-Centered Leadership.* New York: Edit. Summit Books, 1990.

COVEY, S. *The 8th Habito.* New York: Edit. Fire Press, 2004.

CRUM, T. *The Magic of Conflict.* New York: Touchstone. 1988.

DE MELLO, A. *El Manantial* (3a ed.) Guevara- Santander: Edit. Sal Terrae, 1984.

DE MELLO, A. *El Canto del Pájaro* (15ª ed.) Guevara-Santander: Edit. Sal Terrae, 1990.

DE MELLO, A. *Sadhana, un Camino de Oración* (15ª ed.) Santander: Edit. Sal Terrae, 1990.

DYER, Wayne. *Tus Zonas Erróneas*. Caracas: Edit. Grijalbo, 1987.

ECHEVERRÍA, R. *Ontología del Lenguaje*. Caracas: Ediciones Dolmen, 1997.

EREZ, M. e EARLEY, P. C. *Culture, Self-Identity, and Work*. Oxford University Press. New York, NY, 1993.

FENSTERHEIM, H. e BAER, J. *No Diga SÍ Cuando Quiere Decir NO*. Caracas: Grijalbo, 1992.

FRANKL, V. *Man's Search for Meaning*. New York: Edit. Pocket Books Nonfiction, 1984.

FROST, S. *Basic Teachings of the Great Philosophers*. New York: Edit Anchor Books, 1962.

GARDNER, H. *Five Minds for the Future*. Boston: Edit. Havard Business School Publishing, 2006.

GILBERT, D. *Stumbling on Happiness*. New York: Edit. Alfred Knopf, 2006.

GLADWELL, M. *Outliers: the story of success*. New York: Edit. Little, Brown and Company, 2008.

GOLEMAN, D. *Inteligencia Emocional* (19ª ed.) Rio de Janeiro: Editorial Objetiva, 1995.

HANSEN, M. e ALLEN, R. *The One Minute Millionaire*. New York: Edit. Harmony Books, 2002.

HEIFETZ, R.; GRASHOW, A. e LINSKY, M. *Leadership in a (Permanent) Crisis*. Harvard Business Review, 62-69, julho-agosto de 2009.

HOLLENBECK, G.; MCCALL, M. W. e SILZER, R. F. Leadership Competency Models. *The Leadership Quartely*, 398-413, 2006.

JEARY, T. *Life is a Series of Presentations*. New York: Edit. Fireside, 2005.

JENSEN, E. *Los Secretos del Exito en el Estudio*. Barcelona: Edit. Martínez Roca, 1997.

JOHNSON, S. *¿Quién se ha Llevado mi Queso?* [Quem Mexeu no meu Queijo, na edição brasileira, Record Editora] (13ª ed.) Barcelona: Edit. URANO, 1999.

JOHNSON, S. e JOHNSON, C. *El Profesor al Minuto*. Barcelona: Edit. Grijalbo, 1987.

KAO, J. *Jamming*. Rio de Janeiro: Edit. Campus, 1997.

KHOO, A. *Master your Mind Design your Destiny*. Singapore: Edit. Adam Khoo Learning Technologies Group, 2004.

KOTTER, J. What leaders really do. *Harvard Business Review*, 3-12, dezembro de 2001.

KOTTER, J. *A Sense of Urgency*. Boston: Edit. Harvard Business Press, 2008.

KOTTER, J. e RATHGEBER, H. *Our Iceberg is Melting*. New York: Edit. St. Martin's Press, 2005.

KRISHNAMURTI, J. *Principios del Aprender*. Barcelona: Edit. Edhasa, 1978.

KUSHELL, J. e KAUFMAN, S. *Secrets of the Young and Successful*. New York: Edit. Fireside, 2003.

LANDSBERG, M. *The Tools of Leadership*. London: Edit. Harper Collins Business, 2000.

LEDOUX, J. *O Cérebro Emocional*. Rio de Janeiro: Editorial Objetiva, 1996.

LENCIONI. *The five Dysfunctions of a Team*. San Francisco: Edit. Jossey-Bass, 2002.

LOCKE, E. Motivation trough conscious goal setting. *Journal of Applied and Preventive Psychology*, vol. 5 nº 2, p. 117-24, 1996.

MACKAY, H. *Cuídate del Hombre Desnudo que te Ofrece su Camisa*. México: Edit. McGraw-Hill, 1990.

MANZ, C. Self-leadership: Toward and expanded theory of sel-influence processes in organisations. *Academy of Management Review*, vol. 11, nº 3, p. 585-600, 1986

MATTHEWS, A. *Making Friends*. Los Angeles: Edit. Price Stern Sloan, 1991.

MCKEE, A.; BOYATZIS, R. e JOHNSTON, F. *Becoming a Resonant Leader: develop your emotional intelligence, renew your relationships, sustain your effectiveness*. Boston: Edit. Harvard Business Press, 2008.

MCKEITH, G. *You Are What You Eat*. London: Edit. Plume, 2005.

MOLLER, J. *El Éxito es Ser Uno Mismo*. Venezuela: Ediciones IESA, 2006.

OSTEEN, J. *Your Best Life Now*. New York: Edit. Warner Faith, 2004.

PATTERSOM, K.; GRENNY, J.; MCMILLAN, R. e SWITZLER, A. *Crucial Conversation*. New York: Edit. McGraw-Hill, 2002.

PATTERSOM, K.; GRENNY, J.; MCMILLAN, R. e SWITZLER, A. *Crucial Confrontations*. New York: Edit. McGraw-Hill, 2005.

PEALE, N. *The Power of Positive Thinking*. New York: Prentice-Hall, 1952.

PEASE, A. *Talk Language*. Sydney: Camel Publishing Company, 1985.

PEASE, A. *Body Language*. Sydney: Camel Publishing Company, 1987.

PRUSSIA, G.; ANDERSON, J. e MANZ, C. Self-Leadership and performance outcomes: the mediating influence of self-efficacy. *Journal of Organizational Behavior*, vol. 19, nº 5, p. 523-38, 1998.

ROBBINS, A. *Awaken the Giant Within*. New York: Edit. Fireside, 1991.

SALAS, J. *Inteligencia Social*. Venezuela: Planeta, 1996.

SEAGAL, S. e HORNE, O. *Human Dynamics*. Waltham: Edit. Pegasus, 1997.

SELIGMAN, M. *La Auténtica Felicidad*. Barcelona: Ediciones B, 2008.

SENGE, P. *The Fifth Discipline: The Art and Practice of the Learning Organization*. New York: Edit. Currency, 1990.

SENGE, P.; ROBERTS, Ch.; ROSS, R.; SMITH, B. e KLEINER, A. *The Fifth Discipline Fieldbook: Strategies and Tools for building a Learning Organization*. New York: Edit. Currency, 1994.

SHINYASHIKI, R. *Os Donos do Futuro*. Sao Paulo: Edit. Infinito, 2000.

SPENCER, L.; MCCLELLAND, O. e SPENCER, S. *Competency Assessment Methods: History and State of the Art*. London: Edit.Hay/McBer Research Press, 1994.

SURRENDA, D. e HELLER, S. *Retooling on the Run: Real Changes for Leaders with no Time*. Berkeley: Edit. Frog, Ltd, 1994.

THOREAU, H. *Walden and "Civil Disobedience"*. New York: Edit. Signet Classic, 1960

WAITLEY, O. *The Psychology of Winning*. Chicago: Nightingale-Conant Corp, 1979.

WARREN, B. e NANUS, B. *Líderes*. Colombia: Edit. Norma, 1985.

WILLIAMS, R. L. e COTHREL, J. P. Building tomorrow's leaders today. *Strategy & Leadership*, 16-22, setembro-outubro, 1997.

WILLIAMSON, M. *Regreso al Amor* (2a ed.) Colombia: Edit. Planeta, 1995.

Música:

Esta é a parte da música que escutamos quando estávamos escrevendo o livro e que usamos na nossa conferência, oficina e formação internacional de Aprendendo a Ser Golfinho em um Mar de Tubarões. Espero que gostem.

Alcione. *Visitors from other dimensions: fmile.* [CD-Rom]. Miam., 1996.

Bernard, E. *Relajación com delfines* [Relaxamento com golfinhos]: Música agradável em harmonia com os 5 sons da natureza, que transcende as palavras e expressa o inexprimível, que flui nossas emoções. [CD-ROM]. México. Madacy Entertainment Group Inc., 2001.

Davis, K. *Call of the Dolphin.* [CD-ROM]. Austrália. Ken Davis Music International, 1994.

Doucet, S e Plaisance, Ch. *Tranquility.* [CD-ROM]. USA Only New Age Music (BMI), 1998.

Gibson's, D. (S/A) *Angels of the sea: exploring nature with music.* [CD-ROM]. Brasil.

Hanneman, R. *Swim with the Dolphins: Serenity Beautiful music artfully mixed with authentic sounds of nature.* [CD-ROM]. Canada. Madacy Music Group, Inc., 1995.

Higher Octave Music (1996) *Cusco: Ring of the dolphin.* [CD-ROM]. USA, 1996.

Prittwitz, A. *El canto del delfin: Música para la intimidado.* [CD-ROM]. Creativos Independientes CRIN, 1999.

Revistas ou outras fontes impressas e eletrônicas que recomendamos:

Knowledge@Wharton: knowledge.wharton.upenn.edu

12Manage: www.12manage.com

DEBATES IESA: www.iesa.edu.ve

FAST Company: www.fastcompany.com

GERENTE: www.gerente.com

Harvard Business Review: www.hbr.org

HR Magazine (SHRM): www.shrm.org
Revista CUERPO MENTE: www.cuerpomente.es
SUCCESS Magazine: www.successmagazine.com
T + D Magazine (ASTD): www.astd.org/TD
The Economist: www.economist.com

Sobre o Autor

Fernando é pesquisador, conferencista, facilitador e coach executivo com mais de 20 anos de experiência, elaborando, facilitando e avaliando os processos de aprendizagem e melhoria do desempenho de organizações do setor púbico, privado, acadêmico, sindical e da sociedade organizada. Fala inglês, espanhol e português. Pratica Tai Chi Chuan e aikidô.

Impactou públicos em mais de 70 países, entrou em contato com mais de 50.000 educadores, gestores e líderes empresariais, governamentais e da sociedade de mais de 100 países. Entre os clientes que Fernando atende desde 1988 estão a Procter & Gamble, Cemex, Ford, Toyota, Goodyear, Pirelli, Plumrose, Hermo, Aserca-SBA Airlines, Air France-KLM, Pfizer, Pharmacia & Upjohn, Wyeth, Unilever, Farmatodo, Shell, Chevron, BP, Empresas Polar, Coca-Cola, Pepsi Co., Frito Lay, Kraft, Venamcham, Coats, Banco Central de Venezuela, Estee Lauder, Intercontinental Hotels, Best Western, Hilton, Cantv, Datos IR, Digitel e Movistar.

Foi o primeiro hispânico, em 60 anos, a se tornar membro do Conselho de Administração da ASTD (Sociedade Norte-americana de Treinamento e Desenvolvimento), associação internacional líder na área da aprendizagem organizacional. Foi vice-presidente executivo designado a mais de 36 países na Europa, bem como o 59º presidente mundial da JCI (Câmara Júnior Internacional), uma federação mundial de jovens líderes e empreendedores com status consultivo na Organização das Nações Unidas (ONU) e aliada à Câmara Internacional de Comércio (ICC). Assumiu cargos executivos na Câmara dos Fabricantes do Estado Zulia (CIZ), Fundação Educação Indústria (FUNDEI), Complexo Venezuelano para a Competitividade (Venezuela Competitiva) e Câmara Petrolífera da Venezuela (CPV), na qual é assessor estratégico e de assuntos internacionais.

Atualmente, atua como diretor estratégico de Recursos Humanos e Educação Corporativa de um importante grupo empresarial com mais de 40 anos de atividade no setor de petróleo na Venezuela. E também ocupa a direção-geral da MEJORAR, centro internacional para aprendizagem, pesquisa e desenvolvimento de liderança e educação. É membro do Conselho de Administração do IGEZ (Instituto de Gestão e Estratégia do Zulia) e professor de Gestão Estratégica e Liderança na Divisão de Pós-Graduação da Universidade Rafael Belloso Chacín (URBE). Pertence à Rede Latino-americana de Líderes Educacionais na Universidade da Pensilvânia.

Foi conferencista em congressos científicos, empresariais, profissionais e acadêmicos em quatro continentes, organizados por entidades de prestígio, como, por exemplo, o Banco Mundial, UNESCO, UNICEF, ICC (Câmara Internacional de Comércio), ASTD, JCI, ANRI (Associação Venezuelana de Recursos Humanos), FIDAGH (Federação Interamericana de Recursos Humanos), WFPMA (Federação Mundial de Associações de Gestão de Pessoal), IFTDO (Federação Internacional de Treinamento e Desenvolvimento) e DLCP (Instituto de Desenvolvimento de Pessoal do Reino Unido).

Atualmente, cursa doutorado de Liderança em Educação e Negócios na Escola de Negócios de Wharton e na Escola de Graduados em Educação (IGE) da Universidade da Pensilvânia. É formado em Administração de Empresas, com ênfase em Organização e Métodos, obteve a Magna Cum Laude no IUTPEC (Instituto Universitário Pedro Emilio Coll) e uma Certificação como Coach Ontológico Empresarial do Tecnológico de Monterrey e a empresa de consultoria Newfield Consulting. É membro da Universidade JCI, com grau de Titular Internacional de Formação nº 31. Ele se formou na Academia Internacional da JCI no Japão, onde foi convidado palestrante magistral em duas ocasiões, e participou do Programa de Gestão PYME no Instituto de Estudos Superiores de Administração (IESA).

Como parte de seu compromisso social, Fernando criou a Fundação Fernando CIELOS (Centro Latino-americano de Pesquisa e Estudos sobre Liderança Organizacional e Social), organização sem fins lucrativos que realiza pesquisas sobre os perfis da liderança latino-americana e forma crianças e jovens como líderes e empreendedores socialmente responsáveis.

QUALITYMARK EDITORA

Entre em sintonia com o mundo

QualityPhone:

0800-0263311

Ligação gratuita

Qualitymark Editora
Rua Teixeira Júnior, 441 – São Cristóvão
20921-405 – Rio de Janeiro – RJ
Tels.: (21) 3094-8400/3295-9800
Fax: (21) 3295-9824
www.qualitymark.com.br
e-mail: quality@qualitymark.com.br

Dados Técnicos:

• Formato:	16 x 23 cm
• Mancha:	12 x 19 cm
• Fontes Títulos:	Humnst777 Blk BT
• Fontes:	CG OMega
• Corpo:	11
• Entrelinha:	13,5
• Total de Páginas:	144
• Lançamento:	2012